マドンナメイト文庫

私の性体験手記 親友の姉

サンケイスポーツ文化報道部

目次

編集協力　松村由貴（株式会社大航海）

私の性体験手記　親友の姉

サンスポ・性ノンフィクション大賞とは?

「性にまつわる生々しい体験をつづった未発表の手記」を対象として、二〇〇〇年にサンケイスポーツ主催で創設された。応募期間は毎年五月~九月。金賞一〇〇万円、銀賞二〇万円、銅賞五万円、特別賞三万円、佳作二万円、また入選手記はサンケイスポーツ紙上に掲載される。選考委員は睦月影郎、蒼井凜花、松村由貴、サンケイスポーツ文化報道部長。

森と湖の秘祭

――大阪府・会社員・五十六歳・男性

二十代前半のころのこと。ひそかに思いをよせていたアルバイト先の女性から、すでに妊娠していて、近日中に入籍する予定であることを告げられ、私は一瞬、目の前が真っ暗になった。

失恋の痛手は、思っていた以上に私に動揺を与え、心に深く突き刺さった。いくら鈍感な私でも、その数カ月前くらいから、なんとなくそんな兆候や予感を感じとってはいたのだが、現実を認めようとしないうぬぼれた未熟な自意識が、そこからわざと視線をそらさせてしまっていたのである。

私はしばらくふぬけのようになり、数日を惰性で過ごしていたが、そのうち居たたまれなくなってバイトを休み、アパートを飛び出し、半年前にお金をためて買ったホンダのＣＢＲに乗って、あてどもない旅に出た。

　とりあえず義経《よしつね》と弁慶《べんけい》終焉《しゆうえん》の地、奥州平泉《おうしゆうひらいずみ》を目指すことにし、喫茶店やドライブインで休憩をとりながら仙台《せんだい》のビジネスホテルで一泊。翌日、中尊寺《ちゆうそんじ》に参拝。夏草や兵《つわもの》どもが夢の跡……と、旅情に浸ろうとはしたものの、心はいっこうに晴れないでいた。

　重くのしかかってくるどす暗い塊は、旅先まで私を追いたててくる。いっそ津軽海峡《つがるかいきよう》でも渡ってみようかと思い、そこからさらに北へバイクを走らせていると、途中立ちよった喫茶店で、黄金色のブロンズ像の写真を見かけた。

　説明書きを読むと、秋田県田沢湖《たざわこ》畔に建つ「辰子姫《たつこひめ》像」で、永遠の美しさを求めて湖水を飲み、龍になってしまったという伝説の女性なのだという。なぜかその像にひかれた私は、急遽《きゆうきよ》進行方向を変え、秋田に向かうことにした。

　国道一〇七号で奥州を横切り、秋田県に入る。さらに北上してＪＲ田沢湖駅に到着。自動販売機のある道路ぞいにバイクを止めて休んでいると、大型バイクが豪快なエンジン音を響かせて、わきに停車した。

　イタリア車ドゥカティだ。乗っていたのは黒いつなぎのライダースーツを着た、美しいロングヘアの女性。Ａｒａｉの赤と黒のヘルメットを脱いだ。

女のドゥカティ乗り。見ほれていると、彼女はかたわらに止めてある私のＣＢＲに視線を送り、かすかに笑ったように見えた。

私はその艶やかな微笑にひかれ、とっさに思わぬ蛮勇を奮って声を出していた。

「すみません。辰子姫の銅像って、この近くなんですか」

「えぇ、そうだけど、今から行くの？」

「はい」

「じゃ、案内してあげる。ついてきて」

「えっ……ありがとうございます」

意外とあっさり、いい展開になった。彼女のうしろを二十メートルくらいの車間距離で走る。対向車はほとんどない。

ヘルメットから流れ出た美しい髪が、初夏の風に激しくなびいている。引きしまった腰、きれいな形のお尻。うしろから見ていてもほれぼれする。しばし苦い思いも忘れていた。

やがて視界に湖の眺望が開け、湖畔にたたずむ黄金色の女性像が建つ場所に着いた。

そのときに見た辰子姫像は、台座が湖水に半ば浸《つ》かっていたが、思ったより大きく、優美かつ立派で神秘的だった。

永遠の美しさを求めて湖水を飲み、龍になってしまう……。

よくある伝承民話のひとつのような気もするが、日本最深度の湖、青い水面の底には本当に龍でも棲《す》んでいそうな気さえしてくる。

初夏の風にそよぐ湖面のさざ波を見ていると、ふと吸いこまれてしまいそうな錯覚を起こす。都会でのつらい出来事も、湖の底に沈んでいってしまいそうな……。

また苦い記憶を反芻《はんすう》している。

「失恋でしょ」

放心し、目線を宙に泳がせていると不意に、彼女の声に呼び戻された。

「えっ……」

「そんな顔してる」

「……バレちゃってますか。そのとおりです」

きまり悪そうに返す。

「いいじゃない、私もなんだから」

「そうなんですか」

「別れてきたの、二年ほどつきあったのと」

「…………」

こんなにきれいなひとなのに……。

「田舎の温泉にでも浸かって、リフレッシュしようと思って」

彼女は私も、と言ったけれど、こちらはただの片思い。つきあってもいない。ただの友達づきあい……比べものにもならない。

「こんなの慰めにならないだろうけど、女の人は世の中に大勢いるんだから、またやりなおせばいいんだよ」

「そうですね……」

ふとブロンズ像の面立ちが、彼女と似ている気がした。

「……髪の長さも、同じくらいですかね」

私は沈みがちな気持ちを抑え、像を指さして言った。

「じゃあ私、姫だね」

明るく微笑《ほほえ》む彼女。

「なに姫?」

「きょ、、、きょうこ姫」

「きょうこ姫……きょうこさん」

私はしばらく青緑色の自然を背景にした、彼女の横顔にうっとりと見ほれている。

失恋でいじけていたくせに、いい加減なやつだ、オレは……と自嘲する。

そうだ、今夜の宿を決めなければ。駅近のホテルでも、と思ってはいたが……彼女もどこかに泊まるのだろうか……。

「なにからなにまですみませんが、この辺でどこかいい旅館とかご存じないですか」

「本当になにも決めずに来ちゃったのね。私の宿、聞いてみようか。いいところよ」

黒革のつなぎは、彼女のスタイルのよさをよけいに際立たせているように思える。

ふたたび彼女の後方を走る。北の深い山々は、傷ついた心を空虚にしてくれる。私は彼女のそんな姿に見ほれながら、さっき見たばかりの辰子姫像を、彼女にぼんやりと重ねていた。

県道から森間の道を入ったところにその宿はあった。どっしりした鉄筋の建物と、風情のある和風家屋が併設。こんな山の中に、知る人ぞ知る穴場スポットなのだろう。

バイクを駐車場に止め、並んで歩く。

「スーツ、暑くないですか」

「これ革っぽく見えるけど、綿生地の上に化学繊維とかで加工してあるだけなんだよ。薄手だし、洗えるんだから。走るとちょうどいいくらい。それに中、パンティーだけだし」

えっ、パンティーだけ……。

ハッとする表情を瞬時に読みとられたのか、

「ちらっ」

笑顔でおどけながら、ジッパーを少しおろして、胸もとの肌を見せつけるしぐさ。

「うわっ」

私も大げさによろけて、たじろいでみる。しかし内心は、本当にドキドキしていた。

彼女のライダースーツの下を想像してみる。

めちゃくちゃ色っぽい……。

まだ繁忙期前なのか、彼女の泊まる旅館には空き部屋がけっこうあって、私もそこに泊まれることになった。

ところどころに温泉の湯気が、青空に白く立ちのぼっている。澄んだ空気に、新緑の自然がいっそう深く感じられる。

「ちょっと登れば、上に誰も来ないようなのもありますよ」

「そうです。まだうちの爺《じい》さまが元気なときに掘った露天風呂が、この上にもあるだよ。着がえ小屋とかないけんど、きれいになってるから、よかったらおふたりさんで行ってみたら」

宿のおばさんたちが笑顔で教えてくれる。

あとでいっしょに、行ってみることにする。

「着がえてくるから、待っててね」

大きめの浴場もある本館のほかに、この宿には離れになっているバンガロー的な外部屋が数戸あって、それぞれが屋外に面した個別のドアをもっている。

彼女はその外部屋を予約していたので、私もその近くにしてもらった。

あのジッパーを、下までおろしたら……。

部屋に入り、荷物を置いて、スーツの下の姿をまた妄想すると、不覚にも勃起してしまう。

森の妖精に魅入られたかのように、いつしか私は都会での心の傷を忘れてしまっている。

そんなもんなんだ、オレの感情なんて……。

自分がひどく矮小《わいしょう》な人間に思えてきた。

ありのままの現実を受け入れず、つまらないことで逃げ出している。

未熟な人間……そんな自覚が湧いてくる。たんに心の空虚を、埋めようとしているだけなのかもしれない。

それに引きかえ彼女は、とても大人びて見える。

美しい髪、クールな顔つき……オレなんか、ダメだろうな……。

彼女が艶やかな髪をうしろに赤いゴムひもで束ね、Tシャツにジーンズ姿で現れた。また違った印象の姿にときめいてしまう。

落ちついた感じだったが、聞いてみると私と三つしか違わなかった。

傾斜のある山道を百メートルほど登る。川の上流へややきつめの勾配がつづく。宿の人が言うように、お年寄りにはちょっと厳しいかもしれない。

しばらく林のなかを抜けていくと、急に視界が開け、川の清流ぞいに石造りの六畳ほどの広さの湯船があった。

そのわきにベンチのある簡素な木造の四阿《あずまや》があり、申し訳程度に籐《とう》で編んだようなすだれがかけてある。

だが、湯船のほうは立派な天然の石造りで、湧き出し口のほうからいくつかのたまりが設けられ、川の水と混ぜ合わせて温度調整されながら湯船を経由し、そのまま川下へ流れていくようになっている。

「わっ、思ったよりちゃんとしてますね。入りましょうか」

「せっかくだから入りなよ。私は足だけでいい」

自然のなかでの輝くような彼女の笑顔に、よじれていた気分がほだされていく。

「そう、それじゃぁ……」

それ以上、無理に勧めるのもいやらしいように思い、自分ひとり着衣を脱いで、下半身に持ってきたタオルを巻いた。

彼女はジーンズの裾をまくって靴下を脱ぎ、湯船のふちに腰かけて足だけを湯に浸け、まぶしそうに遠くの山々を仰ぎ見ている。

彼女の前で全裸になっていると思うと、ちょっと淫らな気分がこみあげてくる。

「あぁ……」

肩まで湯に浸かって顔にかけると、山の緑の中に旅の疲れも溶け出していくようだ。

「写真、撮っていい？」

彼女が使い捨てカメラを手に聞いてきた。

「恥ずかしいなぁ」

と言いながら、ポーズをとる。

ふざけて腰のタオルをまくって、お尻を見せたりする。

「きゃっ、変態ぃ」

彼女の笑い声が、澄んだ空にこだまする。

下の街にはいくらか人影もあったが、この辺にはほかに建物もなく、自然があるばかり。

しばらくそこで天然の恵みを楽しんでいたが、そのあとも私たちのほかには誰も来なかった。

「やっぱり入る」

彼女は急に思いたったように立ちあがり、四阿のほうへ向かった。

「えっ……」

「見ないでね」

こちらにひと声かけると、彼女はすばやくTシャツとジーンズを脱ぎ捨て、ブラとショーツだけになり、そのまま湯に浸かりに来た。

「そのままで、大丈夫？」

「あとで乾かすから、大丈夫」

彼女ははにかんで、私から体をやや斜めに傾けるようにして湯の中にかがんだ。

「………」

ドキドキと鼓動が激しくなり、直視できない。

そっと視界の端に彼女をのぞき見ると、白い肌の背中が湯気のなかに揺らめいている。狂おしいほどに心がざわついてくる。

ほんの先日、失恋したばかりなのに……いい加減なヤツだな、オレって……。

つい、また自嘲癖が出てしまう。

山の夕暮れは早かった。陽《ひ》が足早に傾き、樹々の向こうに、透明な残照がにじんでいる。

「あっち、向いてて」

彼女は濡れた下着をとって体を拭き、Tシャツとジーンズを直接素肌の上に着けた。

夜のとばりに追いたてられるように、ふたりして宿へ戻る。

帰りの道中、ノーブラのTシャツの胸が気になり、チラチラと横目が行ってしまう。

やばい……また硬くなってきてる……。

「どうしたの？」

「なんでもありません」

「ヘンなの」

彼女は屈託なく、無邪気に微笑んでいる。

本館の食堂でいっしょに食事をして、それぞれの部屋に戻る。テレビはあったが、チャンネル数が少なく、ニュースとか演歌の歌番組とかしかやっていない。

ぼんやり窓の外を眺めたりして、山間の宵闇を楽しむことにしたが、それにもすぐに飽きて、寝床に入るが眠れず、二時間以上がすぎてしまう。

彼女の白い肌と、下着姿が脳裏に焼きついて離れない。

あの、ジッパーを下までおろしたら……。

昼間の妄想がまたぶり返してくる。

脳が興奮しているからだろうか、どうしても寝つけない。私は携帯していた小型のマグライトを片手に、昼間登った山道を、宿の浴衣を引っかけたままで歩いていった。旅館の建物から離れるにつれて明かりはかすかになり、それに従って闇は深くなってゆく。ライトの明かりがいびつな円形に揺れて、精霊が闇の世界へと誘っているようにも見える。

小道を抜けると真っ暗闇……漆黒の世界。

湯船のそばの四阿近くに来ると、木のベンチの上に、さっき脱いだばかりらしい衣服が置いてあるのに気づいた。

誰かいる……。

Tシャツとジーンズ、そして私のものと同じ種類の小型マグライト。

「きょうこさん……」

ふとそう思って、声を出していた。

「…よかった、君か」

湯気の奥から、安堵《あんど》したような声が響く。

「ごめんなさい、せっかくひとりでくつろいでいるのに。眠れなかったもんで……」

「いいの、私もよ。入りなよ。真っ暗だから見えないし、大丈夫」

ライトを彼女に向けないように気を配りながら、私はひっかけていた宿の浴衣を脱いだ。

ドキドキする……全裸の彼女、全裸のオレ……。

チャポン……。

探りさぐり足先からそっと、湯船につかる。二メートルくらい先の闇のなかに、彼女がいる気配。

「夜っていいね」

彼女がつぶやく。

虫の声、フクロウの声……月はなかった。

やや離れた四阿に置いた、自分のマグライトだけが、断崖を向いて小さくともっている。

ほかに灯《あか》りはどこにもないはずなのに、不思議と目が慣れてくるにしたがって、彼女の輪郭がかすかに浮かんでいるような気がする。

森の樹々の影に縁どられた満天の星空。心がスッと、夜空に溶けていく。

闇と思っていたのは、本当は闇ではなく、じつは全体がかすかだが、小さな星々の灯りに照らし出されているのかもしれない。

パシャンッ……チャポンッ……。

湯をすくう音。彼女は思ったより、近くにいるようだ。

不意にふくらはぎに、なにかが当たる感触。

「あっ……」

最初は気のせいかとも思っていたが、しばらくして、またなにかが触れる。

きょうこさん……。

「今、魚がいた」

私はわざと、とぼけた。

「うそ。温泉なのに、魚なんかいないよ」

また彼女の指先がツンツンと触れる。

「うわっ、いるいる。だって今、突ついたもん。こんど来たらつかまえてやる」

暗いので実際なにも見えてはいないのだが、彼女のいたずらっぽい笑顔が見える気がする。

彼女は数秒おいて、また突ついてきた。

「来たっ」

私はすかさず、彼女の足首をつかんだ。

「きゃっ、私、私」

森の闇のなかに、私たちの嬌声《きょうせい》と虫の鳴き声、水音だけが響いている。

「あっ、けっこう大物だ」

そう言って、私はさらにすっとぼけ、つかんだ足を自分のほうにたぐりよせようとしている。

「きゃっ、ごめんなさい、ごめんなさい」

あっ、彼女の素肌に直接触れている……。

彼女のふくらはぎのやわらかな感触、脳内が熱くなってゆく。ふとももに触れると、さらに激しく興奮してゆく。本能的に私はそのまま、裸の彼女を抱きすくめていた。

「ああっ、だめ……」

彼女の抵抗は弱い。

熱い吐息……。

抱きよせ、夢中で口づける。

湯の中で肌と肌が密着し、粘りつくほどにからんでいる。

いつしか互いに激しく抱きしめ合っていた。

きょうこさん……。

暗い湯の闇のなかで、かえって彼女のやわらかな体を生々しく感じている。

「……んっ……」

彼女の秘所に指をはわせると、湯の中でも濡れているのがわかった。

「あはぁんっ……だめぇ……」

彼女の吐息が、湯面に反響して聞こえる。

それは夢の中での出来事のように、甘やかな快感がじんわりと心身に染みわたっている。

「……こんなところ、誰かに見つかったら、大変だね……」

興奮で私の息は乱れ、声も震えている。

「はあっ……見せつけちゃえばいいのよ……」

彼女の吐息も震えている。

だが見ているのは、夜行性の動物くらい。抱きしめたまま頭を下げ、彼女の胸を愛《あい》撫《ぶ》する。

なめらかでやわらかな肌、あのスーツの下に隠されていた体……たまらない。

ペニスが張り裂けそうなほどに充血している。

「きょうこさん……」

高ぶりすぎて、うまく入らない。

「違うよ、もうちょっと上……」

彼女がやさしく指を添え、導いてくれた。

ヌルッ……。

肉柱が滑らかに沈み、真夏の太陽のようなぬくもりに包まれてゆく。

「あう、あっ……」

「ああっ、気持ちいい……」

きっと人は、この瞬間のときめきを感じるために、生まれてくるのかもしれない。

夢中で触り、舐《な》めて、柔肌を吸っていた私は、湯にのぼせたのか朦朧《もうろう》としてきた。

「あああ……」

また一瞬、昼間いっしょに見た辰子姫のブロンズ像が脳裏に浮かんだ。

ほんのわずかな出会いのあいだに、こんな関係になれるなんて……闇の中での、つかの間の祝祭……。

「ああっ、イク……」

「私も……あっ、ああっ……」

私の背中に回っていた彼女の指に力がこもり、上気した肌に食いこんでくる。

「ううんっ、ん……」

「……んっ、ああっ……」

彼女は私の肩にまわしていた手をパタパタとはたいて、絶頂を告げていた。私は直前に彼女の蜜壺《みつつぼ》から抜きとり、湯のなかへ放出した。

「んぁあっ……」

闇の中に白い閃光《せんこう》が走った。

「ああ、お湯を汚しちゃった」

「大丈夫よ……すぐに流れていくわ」

事実、その温泉の川の流れは、都会者の汚れを洗い落とすかのように、湧き出ては下流へと、絶え間なく流れ落ちてゆく。

彼女といっしょに私の部屋へ戻り、またベッドの上で愛し合う。当時の私は経験も少なく、さほど彼女を気持ちよくさせてあげられたとは思っていない。

だが彼女は自分から動いて、私を気持ちよくしてくれていた。そして、ふたりしてまた絶頂したあと、私は旅の疲れもあったからだろうか、急に眠気を催し、眠りに落ちて、不思議な夢を見ていた。

山中の闇の中に、たくさんの動物たちがいる。よく見ると精霊や妖怪みたいなのもいる。なにかお祭りでもしているようだ。

楽しそう。あぁ、森っていいな、おもしろいな。

ふくろうの老人が、話しかけてくる。

「どこから来たの。東京……それはもう通りすぎたよ」

……通りすぎた？

私はいつしか山を下り、街で駅を探している。だが、見つからない。バイクもない。

もうすぐ列車は出発してしまう……間に合わない……。

翌朝、私が目覚めると、彼女の姿も彼女のバイクも、もうそこにはなかった。

――少しのあいだだったけど、楽しかったよ。ありがとう。

窓からこぼれる陽のなか、紫色のボールペンで、テーブルの上に走り書きだけが残されていた。

あらためて重い喪失感を覚えたが、昨夜の出来事は辰子姫や森の精霊たちが傷ついた男に見せてくれた幸せの幻、つかの間の癒やしを与えてくれたのだ、と思うことにした。

マグロ男の功罪

滋賀県・パート・四十九歳・女性

宮沢《みやざわ》りえの写真集『サンタフェ』が爆発的に売れていたころ、私はイギリスのバーミンガムへ半年間の語学留学に行った。

その結果、私は英語を習得せず、セックスの修行をして帰国した。しかも、相手は日本人。まわりから「なにしに行っててん」と笑われたけれど、当時の私は必死だった。

大好きだったその相手。それは〝マグロ男〟健太郎《けんたろう》君だ。

いい男は、とうぜんベッドでもいい男。女が満足するまで悦《よろこ》びを与えつづける。こんな勝手なイメージを私はずっと抱いていた。ハンサムでスタイル抜群、性格もいい男のセックスがイマイチだなんて思うはずがない。ましてや、マグロ男の知識も経験もない私には、状況を理解することさえ難しかった。

今ならすぐにネットで検索して対処方法を探せるけれど、当時の私には助け舟はない。マグロ男攻略のために試行錯誤をしながら全神経を集中し、毎回ベッドで戦った。それほど彼のことが大好きだったのだが、結局はこの冷凍マグロを解凍することはできず、たった半年で戦線離脱してしまった。

留学初日の自己紹介から、私は健太郎君に釘《くぎ》づけだった。

浅黒い肌に、さらさらの黒髪の短髪。目はくりんとした二重で、マルチーズに似ている。背は高く、肩幅ががっちりしていて、紺のジャケットと白のTシャツが似合っている。

漫画の世界から抜け出してきたような王子様にも見えるし、トップガンのトム・クルーズのような爽やか男子にも見える。とにかく、関西で原色の派手好きばかり見ていた私には、まるで違った人種に見えたのだ。

「橋本《はしもと》健太郎。二十一歳です。東京出身です」

声を張りあげるわけでもなく、せかせか歩くわけでもない、しゅっとしたその男の子が、同じ日本人とは思えなかった。さすが、東京。こんなにも洗練されたおしゃれな男の子がたくさんいるから首都なんだと感動してしまう。

そしてもうひとり、福岡出身の順子《じゅんこ》ちゃん。同じく二十一歳。黒髪でストレートのロングヘアに、すらっとした細身の長身だが、話しかたはおっとりして、しぐさもとても女性らしい。彼女もまた、私の友達にはいないタイプだ。

初日から、私はふたりと育ちが違うことに気づいたのだが、レベルが違いすぎたからか嫉妬もないほど、ふたりの魅力にすっかり引きこまれた。

そしてふたりもまた、生粋の関西人である私を見ているだけで面白かったらしい。

中肉中背、四十八キロ。肩までの髪をふんわり巻くスタイルが基本で、ゆったりした暖色系のワンピースを好んで着ていた私。おとなしそうに見えるが、誰よりもおしゃべりが好きで社交的。負けず嫌いで涙もろい私を、ふたりはよくファービー人形だと言ってからかっていた。

ホームシックもなく、イギリス生活にも慣れてきたころ、クラスメートのイタリア人、アントニオが、順子ちゃんに猛烈にアタックをし、つき合うことになった。

おかげで目の前で激しいキスをしたり、彼が順子ちゃんのお尻をなでまわしていたり、目のやり場に困ることが増えてきた。

とはいえ、白人の彼はやっぱり絵になった。羨ましいのと、あんなふうに愛されたいという願望が、私を少しずつ欲求不満にさせてゆく。

極めつけは、順子ちゃんの赤裸々告白だ。

「なあ、彼ってやっぱりエッチもすごいの？」

「うん、そうね。昨日も玄関ではじまっちゃったの」

「え、ほんまに」

「うん。歩きながら耳たぶとか、うなじとかまぶたとかにキスするから、もう舞いあがっちゃって。玄関に入るなり、そのまま壁にもたれてうしろから激しくされちゃって……」

「いきなり立ちバックなん」

「彼は持久力もあるから、つながったままベッドに移動して、なんか両脚を手で上に抱えられたり、アクロバットみたいなことばっかりしちゃって」

「ずっと勃《た》ってんの」

「そうなの。私が達しても我慢してるし、どの体位が気持ちよくなるか、いろいろと試してくれるの。だから、何度もイッちゃう」

「順子ちゃん、体力持つん？」

「だって甘いんだもん。ずっとなでてくれてるし、なにだか夢の中にいる感じなの」

こんな生々しい報告を、目を潤ませておっとりした口調で話してくれるのだから、私も冷静ではいられない。

「いいなぁ。私も彼が欲しくなってきたわ」

「健太郎君は直美《なおみ》ちゃんのこと、好きなんじゃないの。直美ちゃんも好きでしょ。アントニオが健太郎君を直美ちゃんのことでからかってたけど、なにも否定しなかったよ」

順子ちゃんは私を大きく勘違いさせて、アントニオと帰宅。

そこに健太郎君が現れた。

「直美、今日部屋に来るの」

「行ってもいいの」

「当たり前だろ」

明らかに私は意識をしているが、健太郎君はいたってふつう。ふたりでいつもどおりにスーパーに寄り、健太郎君のアパートに向かった。

ほかの友達も立ちよることもなく、健太郎君とふたりきり。そう思うと、さらに意識をしてしまい、私の口数はいつもより少ない。ところが私の頭の中は、順子ちゃんとアントニオの艶《なま》めかしい妄想が止まらない。

「順子ちゃんたち、盛りあがってるやろか」

くすっと笑って健太郎君を見ると、彼の視線が私に突き刺さった。

「俺たちもつき合おうか」

「え、うそやろ」

思わずそう言った私を、健太郎君が抱きよせた。どう考えても断る理由はなにひとつない。

「私のこと、好きなん」

「うん、すごくね」

「じゃあ、つき合おか」

私が健太郎君の耳もとで返事をする。

きっとこのあとは熱いキスが待っているはずだと、私はそっと体を離し、健太郎君を見た。すると、彼はにっこり笑って立ちあがり、冷蔵庫にジュースを取りに行ったのである。

関西と関東では流れが違うのか。中学生でもあるまいし、ふつうはキスでしょ。と戸惑いながらも、軽い女だと思われないなら、今日はこれでいいんだと、自分に言い聞かせる。

セブンアップの缶を持って戻ってきた健太郎君はやっぱり私を見ながら笑っている。私はその笑顔に満足し、王子様の彼女になった喜びをにやにやしながらかみしめた。

翌日、私はずっと潤んでいた。しばらくセックスはご無沙汰だし、キスもしていない。きっと女性に慣れていそうな健太郎君だから、今まで体験したことのないような、お姫様扱いのセックスを体験するのかもしれない。

私は、こんなことを考えてる時間がたまらなく好きだ。

部屋に入ると、我慢できない私は、健太郎君の背中に抱きついた。くるっと振り返り、健太郎君が私を抱きしめる。大きくて温かい胸に顔を埋《うず》めるだけで、私の鼓動が速くなる。

目を閉じて、キスを待つ私。関東の王子様スタイルがわからないが、せっかちの私には、三十秒が待てなかった。

「キスして」

健太郎君の唇がふわっと私の唇に重なった。一瞬だけでも久しぶりのキスの感触。やわらかい唇の弾力で、一日中うずいていた私の興奮は一気に高まる。

知りつくした健太郎君の部屋なので、このままベッドになだれこむと構えた私を、彼はやんわり離してソファへ誘導した。

「嘘《うそ》やろ。なんでやねん。私が変態みたいやん。ふつう、このままがばっと押し倒すやん」

私に心の声を伝える勇気はないが、健太郎君にも察する気配はまったくない。頭の中にクエスチョンマークが飛びかい、隣に座る健太郎君のきれいな横顔をまじまじと見つめた。

「どうしたの」

「ひっついてもいい？」

「いいよ」

私は立ちあがり、子供のように健太郎君の上に向き合って座りなおすと、思いきりぶちゅっと唇をふさいだ。

ぽてっとした唇の感触が心地よい。そのまま彼の唇を味わいながら、私は舌を入れようとゆっくり口を開く。

ところが、彼の唇は閉じたまま。まるで、私の侵略を阻止しているかのようだ。

これ以上ぐいぐい迫るのはやめたほうがいいのかと、私はキスを中断し、目を合わせずに体を移動させて、彼の隣に座りなおした。

先走ってばかりで、ばつが悪い。

「今日、泊まってく?」

「十時に帰ってこいって、ホストファミリーに言われてん」

「そうなんだ。残念だな」

私が焦りすぎているだけなのだ。つき合ってしばらくしてからセックスをするのがふつうで、私が貞操観念に欠けているだけだ。落ちつかせるために彼の手を握ると、ぎゅっと握り返してくれた。

「明日やったら、泊まりたいな」

「オーケー」

意味のわからないテレビを見ながら、私はこの不思議な展開にもわくわくしていた。

翌日、授業中に私はいろいろなシミュレーションを組みたてた。もちろん、ゴールは健太郎君と結ばれること。

私は決して性欲が強いとは思っていなかったけれど、久しぶりだからか、相手が今までにいないタイプだからか、なぜか健太郎君と結ばれたくて仕方がない。だからこそ、手っ取り早くお酒の力を借りることにした。

「ただいま。お邪魔します」

私の補習が長引き、健太郎君は先に帰って料理を作って待っていた。

彼の手料理とビール。それだけで私を有頂天にさせる。ソファに座って手をからませたり、彼の太ももにさりげなく触ってみたり、他愛もない話に大げさに反応し、少しずつ密着度を高める。

ビール三本目で、私は照れることなく甘えられるようになっていた。健太郎君もいつもよりよくしゃべる。

「健太郎君の裸が見たいねんなぁ」

「どうしたの、酔ってるでしょ」

酔っているのかいないのか、境界線が曖昧になるいちばんいい状態。私はいたずらに健太郎君のTシャツをまくりあげた。

「こらこら、やめろよ」

クスクス笑いながら、Tシャツを下ろす。このハンサムな顔と、このいやらしい胸板はミスマッチではないかと思いながら、私は健太郎君の胸に顔を埋めた。

「もう、なんかムラムラするねんもん」

私は攻撃を開始。いきなり健太郎君を押し倒し、唇を奪う。少し強引に舌を入れ、彼の舌とリズムを合わせた。それだけで体は熱くなり、じっとしていることが難しい。

無理やりキスをしている感じは否めないが、そろそろ彼が私と立場を逆転するだろう。期待をしながら次のアクションを待っているのに、まるで静止画のように先に進まない。

「Tシャツ、早く脱いで」

「いいよ」

私は健太郎君がTシャツを脱ぐ姿を見下ろしていた。体毛は少なく、思ったより乳首が茶色い。ほどよい筋肉がニスを塗ったように光っていて、カブトムシのようだ。やっぱりどの角度から見てもすてきでうっとりする。

私はもう一度、唇を味わった。ちゅっちゅっと音を楽しみながら、健太郎君からのディープキスを待つが、両手はだらんとソファの上にひろげられ、胸を触るわけでもなく、唇だけが生きているようなのだ。

魚が呼吸をしているような、変なキスだと思う。

私は体を離し、なにも言わず、着ていたTシャツを自分から脱いだ。そして、はじめて自分からブラジャーもはずした。かなり恥ずかしい行為だが、それよりも欲求不満が勝っている。

なにもされなくても私の乳首はつんと上を向いて、刺激を欲しがっている。健太郎君は突起物をどう思っているのだろう。

「健太郎君、ジーパンも脱いで」

「うん」

「ベッドに行こうや」

「そうだね」

健太郎君の紺色のトランクスは、アイロンでもかけたようにピシッとしていて、そのせいで勃起しているのがはっきりとわかった。熱を放出しているからか、下半身が心なしかもわっとしている。今すぐ触ってと言われたら、喜んで口にほおばるのに。

「はじめてなん？」

「ううん。違うよ」

「そらそうやんな。ははは」

関西弁でよかった。こんな直球の質問も、冗談として流すことができるから。でも、それならこの謎の流れは、いったいどういうことなのだろう。

雑誌の特集、ハウツー本、男性向けにはいろいろと情報があふれているのに、まさか前戯もないまま進んでいくのか。

ふたりでベッドに寝転がると、健太郎君が私をぎゅっと抱きしめた。場所が変わり、やる気になったのだとうれしくなる。肌と肌が触れ合って、どちらからともなくキスをはじめた。ふたりの体温があがり、これから愛し合う男女の匂いが充満する。

「胸、触って」

「うん」

健太郎君が体をずらし、いきなり私の左胸に舌を当てた。大きな手で揉《も》んだり触ってほしかったけれど、乳首を舐《な》められるのも嫌いではない。

ところが、私の貧乳のせいなのか、まるで小型犬がぺろぺろと空のお皿を舐めているようなのだ。しかも、リズムも悪い。

このぎこちない流れでも私は濡れていた。水色のサテン生地のパンティーが、はっきりと湿ってびらびらにくっついているのもわかっていた。早く健太郎君の手で、秘部をこねくりまわしてほしい。長くて太い指を、ずぼずぼ出し入れしてほしい。

でも私の願いは届かず、ずっと胸から動きはない。このまま私が逐一指示を出し、いつのまにかフィニッシュを迎える予感がする。

私は健太郎君のトランクスに手を置いた。

「え、すごい」

おち×ちんの形を手で確認する。太くて熱くて、青いバナナをほうふつさせるほどカチカチなのだ。なにも攻撃をしてこない男の股間がこんなに情熱的なのはもったいない。

ゆっくり上下になではじめると、健太郎君は苦しそうな顔をして目を閉じた。トランクスに手を入れ、熱気を帯びた生のジュニアを握りしめると、我慢汁があふれ出る。

「うっ」

早く解放するために、私は一気にトランクスをずり下ろした。そして、自分のパンティーも脱いだ。

久しぶりのセックス。この私のムラムラをどう処理してくれるのだと腹が立ち、こうなったら自分でなんとかするしかないと悟った私は、思いきって彼の上にまたがった。

硬く反り返る彼のペニスに手を添え、ゆっくり自分の秘部へとあてがう。愛液でペニスがぬるぬると滑り、それがあまりにも気持ちよくて、私は素股でしばらく楽しんだ。乗馬をしたら、こんな感じでクリトリスが擦《こす》れるのかもしれない。

「あぁ、気持ちいい」

前後に私が動くのを健太郎君はじっと見ているが、股間はさらに膨張している。やっぱり今すぐ健太郎君のペニスが欲しい私は、どさくさに紛れて挿入させようと決めた。

触られてもいないのに、とろとろに潤んでいる秘部に、にゅるっと突き刺す。

「ぐうっ、あぁっ」

積極的すぎて引かれたらどうしようと思ったけれど、私の欲求はそれを超えていた。

騎乗位なんてはっきりと経験がない私は、とりあえず前後に動くのか、上下に動くのかも、いまいちわかっていない。

なんとなく気持ちがいいポイントで止まって腰の動きを止めたりしながら、ふと目を開けて彼を見る。健太郎君は私をじっと見つめていた。

「見んといて」

「いいじゃん。直美の好きなようにして」

健太郎君に試されているのかと思った私は、ゆっくりと上下左右に動いてみる。健太郎君のおち×ちんが変な角度に曲がらないかと心配になるほど、私は必死で腰を動かした。

「あっ、出る」

彼が慌てて私を払いのけ、白濁液を放出した。四コマ漫画の展開かと思うほど、私の予感は的中した。それほどあっけないフィニッシュで、私はツッコむこともできなかった。

健太郎君はティッシュで後始末をし、そのままベッドで横になった。私も軽く秘部を拭い、肘を突いて横になり、彼を観察した。

「気持ちよかった?」

「うん、すごくね」

イケメンの返事だ。女性を何度も絶頂に導いた男のトーンだ。複雑だった。変な空気になるかと思ったら彼はすっきりしているし、私がもやもやしているなんて、まったく思っていないようだ。

なんだ、これ……？

ひたすら責められたい生粋のドMなのか、リードしてもらうセックスしかしたことがないのか、単純に動きかたがわからないのか。モノはいいのに使いこなせていないのだ。

健太郎君がなにか話しかけていたが、私は適当に相づちを打ちながら、頭の中でいろいろと考えていた。すると、しばらくして隣からスースーと寝息が聞こえはじめた。

「なんで？」

本当にびっくりした。思わず声が出たほどだ。それだけ気持ちよかったのかもしれないが、ふたりのはじめての夜は、私にはとても忘れられない夜になった。

翌朝、私が目を覚ますと健太郎君は朝食を作り、テーブルで学校の課題をしていた。

「おはよう」

「よく眠れた?」

「うん、まぁ。宿題やってんの」

「今日、提出だから。直美は家で待っててよ」

「うん」

窓から射《さ》しこむ日差しにぴったりな爽やかな健太郎君は、いつもとなにも変わらない。私の心の波動が、ほんの少し乱れているだけだ。

たった一回だけではわからないから、次に期待しよう。健太郎君の横顔は、私をそんな気分にさせてくれた。

期待した二回目は、五日後にやってきたのだが、その二回目はスタートから審議が必要な展開だった。

「好きにしていいよ」

健太郎君はひとりでベッドに行くと、大の字で寝転がった。バスタオルが股間をきれいに隠している。じっと見ていた私と目が合う。

そんなばかな……とは思ったけど、かっこいいのは変わらない。パジャマのまま健太郎君の上に乗り、キスをする。そのまま首すじへと下がっていき、乳首を舐めた。

まるで男女が逆転したかのように、私は彼の均整の取れた上半身を舐めまわす。

「あうっ」

乳首は意外と敏感なようで、すぐに硬くなる。わき腹を私の舌が往復すると、健太郎君の中心部が反り返り、いつのまにかバスタオルも剝がれていた。ペニスまでイケメンだ。

だが、私が上に乗るしかない。

リングにあがる格闘家のように、パジャマもパンティーもそそくさと脱ぎ捨て、私は健太郎君の上にまたがった。

おち×ちんを握る。ゆっくりとあそこに当てながら、先っぽを入口部分で遊ばせる。ずっぽり挿入するのはもったいないから、少しずつ押しこみたいけれど、やさしく刺激を与えるせいで、健太郎君のおち×ちんは一気にギンギンになり、私にまでその快感が押しよせる。

彼の体に両手を置いて、私はゆっくり前後にリニアモーターカーのように動いた。

「すごい、あぁ、なんかすごい」

私は自分で動きながら、新しい快感スポットを開拓しはじめた。

「あったかいわ、なんかとろとろやん」

私が上下にバウンドすると、結合部からばふっぱふっと音がして、健太郎君の吐息とハモりはじめる。

「今度は反対になって」

「俺が上になるの」

「うん、あぁ、いい。早く、そこ」

健太郎君が回転しようとした瞬間、はっきり彼の射精を感じた。

「ううっ、あああ」

とっさに体を離した私にも、どぴゅっと白濁液がかかった。

「大丈夫？」

なにひとつ大丈夫なわけがない。前回のもやもやが二倍になっただけだ。私は確信した。彼はベッドでは自分からはなにもしないマグロだ。マグロ男だ。

以来、私はこの冷凍マグロを解凍するという使命感に燃えはじめた。基本は騎乗位だから、騎乗位のスペシャリストを目指し、英語の勉強よりもがんばった。

バリエーションを増やすべく、M字開脚で結合部分をまる見えになるようにしたり、楕円《だえん》形を描いて腰を動かしたり、抜けるか抜けないかぎりぎりのところで腰を移動させたり、健太郎君のおち×ちんの反応を敏感に読みとるように集中したり。

　五十回ほどがんばった。でも、健太郎君は変わらなかった。私は留学のコースを延長はせず、予定どおり帰国を選択した。

親友の姉

長野県・会社員・五十七歳・男性

十数年前の、私が四十代半ばのころのことだった。

仕事や夫婦の問題で、かなりのストレスを抱えこんでいた。没頭するような趣味もなく、発散の手段はアルコールだけ。子育て中の妻には悪いと思いつつ、その日も定時退社とともに行きつけの焼鳥店へ直行し、チビリチビリとやっていた。

しばらくすると、同年代とおぼしき婦人がひとりで入店してきた。お世辞にもきれいとはいえない店に、およそ不釣合な気品あるワンピースを着た、美しい女性だった。

店内を見まわす婦人と目が合った。すると彼女は、一瞬驚いたような表情を見せ、私のほうに近よってくるではないか。

「あれ。もしかして……アキくん？」

いきなり言われ、驚いた。苗字《みようじ》ではなく、名前を呼ばれたのだからなおさらだ。けれど婦人が誰なのか、瞬時に思い出せない。それでも彼女は、いやな顔もせず、私の記憶がよみがえるのを待ってくれた。

「えっ、あの……もしかして、功一《こういち》の？」

おぼろげながら、ようやく記憶の糸が解ける。二十年以上の長い糸だ。彼女もとたんに安堵《あんど》の笑顔を見せた。

「そう。やっと思い出してくれた」

彼女は百合子《ゆりこ》さん。功一というのは私の中学高校時代の親友で、彼女はその姉。年は三つ上だった。かつて頻繁に功一の家に遊びに行っていたので、私のことを覚えていてくれたのだ。

素性がわかるとともに、私は年がいもなくうろたえた。なぜなら百合子さんは、若かりしころの私にとって、憧れの女性だったからだ。それに、少々のうしろめたさも……。

「隣、いい？」

「えっ、あ、ああ、どうぞ」

花柄のワンピースのスカートを翻し、百合子さんが隣の席に座る。熟女らしいエレガントな香りに鼻孔をくすぐられ、私は落ちつきをなくしていく。

「二十年以上の再会を祝して、乾杯」

百合子さんの注文した生ビールが運ばれてくると、私たちはジョッキを重ねた。

「私、こういうお店にはめったに入らないけど、焼き鳥のいい匂いに誘われて、つい足が。でも、これも運命よね、こうして懐かしい人に会えるんだから」

なんでも彼女は里帰り中で、高校時代の女友達とランチを済ませたあと、街中でショッピングを楽しんでいる途中だったようだ。

私は緊張しながらも、百合子さんの容姿に視線をはわせる。私には、彼女が女子大生だったころまでの記憶しかない。

細身で長身だった親友の姉も、それなりに肉がつき、いかにも熟女らしい体つきになっている。いまでは、まさに有閑マダムという言葉がふさわしい。

ワンピースの胸もとは大きく盛りあがり、見るからにやわらかそうだ。

（ああっ、本来の俺なら、すぐさま勃起してしまうだろうに……）

恥ずかしながら、当時の私はストレスと、妻とのセックスレスが原因の勃起障害に陥っていたのだ。

そんな私の事情を知るよしもない百合子さんは、熟女のフェロモンをプンプンさせてくる。正直、私は複雑な心境だった。

「弟の功一とは会ったりしてるの？」

笑顔を傾けて聞いてくる。ほどよくアルコールが入り、少々とろけ気味の瞳が妙に色っぽい。

「いえ。今は年賀状のやりとりくらいです」

親友は都内の大学に進学し、卒業後も地元には帰らず就職し、所帯を持った。

一方の百合子さんは、女子大を卒業したあと、間もなく都内で知り合った男性と結婚した。今では子供も独立し、夫とふたりで暮らしているという。

昔話に花を咲かせて飲むうち、忘れかけていた私の記憶も鮮明によみがえってくる。

(あれは俺が高校生で、百合子さんは女子大生だった。その夏休みのときだ)

功一に姉が帰省していると聞いた私は、さっそく遊びに行ったのだった。

けれど残念なことに百合子さんは不在で、おおいに落胆した。

ふたりでゲームなどしながらダラダラするうち、腹を空《す》かせた功一がおやつを買いに、外へ出た。両親はともに不在で、家には私だけが残された。

（もう時効だけど、あのとき俺は、百合子姉さんの部屋に忍びこんで……）

憧れの女性の居住空間に身を置いただけで高ぶった。かすかに残る女の匂いに誘われ、気づけば衣装ダンスを物色していた。

（色とりどりの下着を見つけたときの興奮といったら……）

帰省中とはいえ、それなりの数の下着が、彼女の性格を表すように、整然と並んでいた。

（清楚《せいそ》な百合子姉さんにしては、赤や紫の派手な色の物や、極端に布地の少ない物もあったな。眺めるだけにしようと思っていたのに、つい魔がさして……）

気づけば、薄いピンクのショーツを手に取っていた。しかもそれを、慌ててズボンのポケットに。

憧れの女性であり、高嶺《たかね》の花でもあった百合子さんの下着を、こっそり持ち帰った私。その夜、それをオカズにオナニーにふけったことは言うまでもない。

（そういえば、あのときのショーツ、自室に隠し持っていたな、俺が結婚するまで）

本人を前にして、過去の恥ずかしい記憶がまざまざとよみがえっていた。

「ちょっと、聞いているの。顔を赤くして」

「えっ。あ、ゴメンなさい。ちょっと考えごとを。少し酔ったかな。あはは」

慌てて取り繕う私に、彼女はプンと頬をふくらませる。そんなしぐさは年齢に似合わずかわいらしい。

「もう。お子さんは大きくなったって聞いたのよ。結婚して子供がふたり生まれたってことは、功一から聞いていたけど」

「あ、うん。でも、まだ手がかかるよ。子育てに関しては妻に任せっきりだけど」

そのことが頭から離れず、百合子さんとの会話も半分、うわの空だった。

「いいのよ、男はしっかり外で稼いでくれれば。奥さまと仲よくやっているのなら、私も安心だわ」

そう言われて、私は思わず口ごもってしまう。実際、妻とは、ふたりめの子が生まれてからずっと、セックスレス状態だった。

女は子供を産むと母親になる。そんな言葉を実感する日々で、もともとそれほど性行為が好きではない妻からは、

「もうセックスはしたくない」

とまで言われてしまったのだ。

併せて同じ時期、職場内異動に伴う環境の変化から、極度にストレスを抱えこんでしまった。それでもまだ性欲は残っていて、一度、ストレス発散もかねて風俗店を利用したことがあった。

しかし……。

まさかヌキに行って、ピクリとも勃起しないとは。

あのときの恥ずかしさは、言葉で表現できるものではない。結果として私は、自分が勃起障害であることを思い知らされたのだった。

それまで楽しく飲んでいたのが嘘《うそ》のように、心は沈んでいった。そんな私の様子に、百合子姉さんが気づかぬはずがなかった。

「ん……どうしたの、急に暗くなって」

うつむきがちな私の顔をのぞきこみ、聞いてくる。私が顔をあげると、心配そうに見つめるきれいな瞳と目が合った。

「ゴメン、ゴメン。なんでもないよ。大丈夫、それなりにうまくやっているからさ」

そう苦しまぎれに言う私の目を、百合子さんは見つめたまま離さない。

「あ、いや、ホント。それより俺、いまEDで、役に立たないから、あはは」

あたふたしていた私は、つい口走っていた。

憧れの女性に向かって下ネタなど、もってのほかなのに。

「…………」

一瞬驚きの相を見せた百合子さんが、目をそらす。今度は彼女がうつむく番だった。

ヤバい、と思ったのもあとの祭り。取り繕うこともできず、美しい横顔をただ見つめるだけだった。

なんとも重苦しい雰囲気に包まれた。

喉を潤すために飲んだビールが、やけに苦かった。

しばらくして、百合子さんは空になったジョッキをカウンターに置く。そうして、ふたたび私を見つめてきた。

「そろそろ出ましょうか」

目を細め、わずかに口角があがっていた。なぜか私の胸が高鳴った。すっかり暗くなった街を、百合子さんは逆の方向へと歩いていく。

ふたりはなにもしゃべらない。

十分ほど歩くと、きらびやかなネオンが目に映ってきた。

(えっ。百合子姉さん、まさか……)

そのまさかだった。ためらうことなくネオンの看板をくぐる憧れの女性。頭の中が真っ白になった。どうやって部屋の中に入ったのか、記憶にもない。

入室するなり抱きつかれ、われに返る。

(百合子姉さんが、腕の中にいる。これは夢じゃないよな。でも、いまの俺は……)

顔をあげた熟女が、妖しく微笑《ほほえ》む。

「アキくんのED、私が治してあげる」

そうしてはじまった、憧れの女性、親友の姉との禁断の情事だった。濃厚なキスから手コキ。脳内はバラ色に染まっているのに、ペニスはいっこうに反応しない。申し訳なさばかりが募った。

「リラックスして」

そう言われても、必要のない場所だけが硬くなるばかり。

「脱ぎましょうか、私も脱ぐから」

まるで母親のようなやさしい手つきで、衣服を脱がされる。緊張を拭えない私の体は、すでに汗まみれ。気分は初体験のときのようだ。

「先にベッドへ。私もすぐに行くからね」

そう言いながら、百合子さんは自らの衣服に手をかけていく。私はベッドへ移動しながら、彼女を目で追う。

百合子さんが、下着だけの姿になる。上下おそろいのブルーのブラとショーツ。かつて、こっそりのぞき見た女子大生時代の下着とはずいぶんと違うけど、年相応におしゃれでエレガントなデザインは、熟れた体によく似合っていた。

下着姿を堪能《たんのう》すれば、とうぜん裸体も見たくなる。

けれど百合子さんは、ブラもショーツもはずさず、ベッドに入ってきた。

「なんだか緊張するわね。まさか弟の親友とこんなことになるなんて、夢にも思ってもなかったから」

それはお互いさま。今でも夢を見ている気分なのだ。そんな夢うつつな思いを吹き飛ばすように、横たわる私に、百合子さんが体をよせてくる。やわらかそうな女体から、艶《なま》めかしいフェロモンが漂ってきた。

肌が触れる。憧れの女性の肌はしっとりしているけど、ジワッと熱かった。

「んん、まだ変化なしか……」

百合子さんは、私のペニスを見ていた。穴があれば入りたいとは、まさにこのときの心境だった。

「もう一度、手でしてみるね」

やさしい手つきでしごかれても、結果は同じだった。手淫を諦めた熟女が、顔を私の下腹部へと移動させた。

「ああっ、そんなことまでしてくれるなんて」

ペニスに、ぬめりが走る。

百合子さんが、たっぷりの唾液で濡れた舌をはわせていた。このときほど、勃起しないペニスを恨めしく思ったことはない。

百合子さんが、垂れ落ちた髪を耳のうしろへかきあげる。赤い舌を伸ばし、ペニスをあやす横顔が見えた。妖艶で、たまらなくいやらしかった。

（なのに、どうして勃たないんだ）

悔しさと情けなさで、心が折れそうになる。それから百合子さんは、勃起しないペニスを口に含んでくれた。

「んっ、んっ、んっ」

鼻で呼吸しながら、頭を上下させる。本格的なフェラチオだ。

「ううっ、百合子姉さん、すごく気持ちいいよ」

そんな言葉と裏腹に、ペニスには勃起の兆しも見えなかった。

「こんなにしてくれているのに勃起しないなんて、かなりの重症だね。ごめん、百合子姉さん、もう……」

私は半ば諦めかけていた。

百合子さんはペニスを吐き出し、顔をあげる。美貌に少々疲労の色が浮かんでいた。

「私が治してあげるって言ったのだから、最後まで面倒みさせて。あ、でもその前に、シャワーを浴びてくるわ。私も汗だくだから」

百合子さんは私から離れ、浴室へ向かう。

ひとり残された私は、茫然《ぼうぜん》としたままベッドに横たわっていた。

しばらくすると、浴室から水音が聞こえてくる。私の脳裏に、全裸でシャワーを浴びる百合子さんの姿が浮かんできた。それとともに、淫らな思いも。

（いっしょに、お風呂に入りたいな。こんなチャンス、もう二度とないかもしれない

しな)

そう思うなり、私は浴室へ。

ドアを開けると、くもりガラス越しに、百合子さんの裸体がぼんやり見えた。けれど、私が目を奪われたのは、洗面台の上に行儀よくたたまれた彼女の下着だった。

(百合子姉さんのブラとショーツ……なんだか、あの高校時代を思い出す)

ためらうことなく、私の手はブルーのショーツをつかんでいた。憧れの女性の、脱ぎたての下着。ツヤツヤした光沢と肌触りは、いかにも高級そうだ。

たまらないとばかりに両手でひろげ、目の前にかざす。おそらく一日中穿《は》かれていたのだろう股布には、くっきりと恥ずかしいシミが付着していた。

(あんなにきれいな百合子姉さんでも、こんなに下着を汚すんだ)

吸いよせられるように、鼻先を股布へ近づける。すでに私の理性は吹き飛んでいた。

「クンクン、クンク。ああっ、これが百合子姉さんの、アソコの匂い……」

ツンと鼻孔をくすぐる刺激。大好きだった女性の匂いは、まさに男を惑わす誘惑であり、芳香だった。

夢中で匂いを嗅ぐ私は、百合子さんがシャワーを済ませて出てきたことにも気づかずにいたのだ。

「ちょ、ちょっと、なにしてるの」

驚いた百合子さんが、タオルで前を隠したまま声を張りあげる。

それでも私は、ショーツを手放すことができなかった。

「信じられない。下着の臭《にお》いを嗅ぐなんて……えっ。そんな、うそでしょ」

「ごめん。いっしょにシャワー浴びたくてここまで来たら、百合子姉さんの下着が目にとまって、つい」

「あ、いえ、そういうことじゃなくて……」

百合子さんの視線が、私の局部に注がれていた。

「勃っているわよ、オチ×チン」

私も恐るおそる下を向く。そこには、若かりしころのように隆々と屹立《きつりつ》したペニスがあった。

「う、嘘……勃起している」

自分でも信じられなかった。憧れの女性とはじめてキスをし、手コキやフェラでも勃起しなかったのだからなおさらだ。

「よかった。回復したのね。でも……」

百合子さんが複雑な表情をつくる。口ごもった理由もうなずける。自ら穿いていた下着の匂いを嗅がれて勃起したのだから。

「もしかして、そういう性癖だったのかしら。女の私には理解に苦しむけれど」

返す言葉が見つからない。

自分では、下着フェチでも匂いフェチでもないと思っていた。けれど現にこうして回復したのなら、そうだったのかもしれないのだ。

「まあ、理由はどうあれ、よかったじゃない。でも実際にセックスができなければ、意味がないわね。これも乗りかかった船。最後まで面倒みさせて。うふっ」

「えっ。それって……」

百合子さんが、前を隠していたタオルを、はらりと落とした。

「前戯なんていらないから、すぐに入れて」

ベッドに移動するなり、百合子さんは慌てたように言い、脚を開いた。たしかに、もったいぶっているうちにしおれてしまえば元も子もない。

私は回復かなったペニスを握りしめ、百合子さんのひろげた美脚の間に体を入れていく。

「少しだけ、待って」

そう言った熟女は、自らの手で女性器を刺激する。クチュクチュといやらしい水音が漏れた。

(はじめて見る百合子姉さんのオマ×コ。それだけでも刺激的なのに、オナニーまで見せてくれるなんて)

思いのほか毛深い女性器を自ら開き、熟れて充血した秘肉を見せつけてくる。私のペニスの強度は、それまでEDだったことが信じられないほどだ。

「百合子姉さん、もう、我慢できない」

「いいわ。来て」

熟女のしなやかな細指が、勃起を握る。

「ほんとうに硬くて、たくましい。これで、私を乱れさせて」

長らくセックスしていなかった私に、百合子さんを満足させる自信などない。体をこわばらせる私を、憧れの熟女はやさしく導いてくれた。

「んっ、ああっ、入ってきた」

「ああっ、百合子姉さんの中に……夢のようだ」

けれど夢では、こんなに気持ちがいいはずがない。

「ううっ。なんて熱いんだ。とろけそう」

「私だって久しぶりなの。だから……うくっ、もう奥まで来てる。す、すごいわ」

私は夢中で腰を動かしていた。一時はもう二度とセックスはできないと諦めていただけに、うれしさと感動が私をつき動かしていたのだろう。

「百合子姉さんのおかげで、俺……ほんとうにありがとう」

唇を舐《な》め、さらに舌をからめ合う。

すすり取った唾液はほのかに甘く、気品があった。

「あんっ、おっぱいも……舐めて」

Eカップはあろう豊満な乳房を揉《も》みしだきながら、濃く色づいた乳首を口に含む。

「んくぅう。いいっ。感じちゃう」

舌で弄《いじ》ると、口の中で乳首がツンと突き出てきた。それがなんとも淫らで、私はひたすらしゃぶりまくった。

肝腎《かんじん》のペニスも中折れすることなく、熟女の膣内を圧迫している。

「いいっ。おっぱいも、アソコも……もっと、もっと突いてぇッ」

熟れた裸体を震わせ、百合子さんは求めた。

私はふたたび腰を大きく振る。絶頂も間近に迫っていた。

「百合子姉さん、俺、もうイキそうだ」

訴えると、白い喉を見せていた百合子さんが、二度三度とうなずいた。

「私も……感じさせてくれたご褒美に、もう子供ができる年齢じゃないから、このまま中に……ああっ、イクっ、イクわ」

百合子さんの体が、弓なりに仰《の》け反った。清楚な熟女が見せる、あまりに淫らな絶頂だった。

私とて、思ってもみなかった中出しの許しに、背すじがざわついた。百合子さんに遅れること数秒、限界が訪れる。

「うああっ、出る」

数年ぶりの射精は、百合子さんへの感謝を伝えるにしてはあまりに濃く、大量のほとばしりだった。

情事を終えた私たちは、時間の許すかぎりベッドの上でまどろんだ。

「乱れすぎて、恥ずかしいなぁ」

私の胸に頰を当て、百合子さんはつぶやく。その手は、射精あとでさすがにしおれたペニスを、いとおしそうになでてくれていた。

確かめたわけではないが、おそらく彼女も、夫婦の営みはレス状態だったのだろう。そんな百合子さんの心と体の隙間を埋めることができたのなら、私のEDも役に立ったということか。

百合子さんとはそのあと、一度も会っていない。今では彼女も還暦間近だが、会いたい思いも、体を求め合いたいという思いも私の中にはある。けれど、ともに既婚者ゆえ、これ以上を求めることは許されないだろう。

あの日、ホテルを出る前、百合子さんは思いもかけない贈り物を私にくれた。

「こんなこと、すごく恥ずかしいけど……もしもまたEDになったときのために、これを」

わたされたのは、EDを克服してくれたブルーのショーツ。ただただうれしかった。

妻とは今もセックスレス状態だけど、百合子さんのおかげで、そのあとふたたびEDに陥ることはない。

いとしい人の匂いと汚れの染みついたショーツは、今も私の部屋にある。誰にも見つからないよう、鍵つきの中に。

シェイクスピアいわく

兵庫県・自営業・三十四歳・男性

「運命とは、最もふさわしい舞台へ、あなたの魂を運ぶ」

かつて聞いた言葉が、ふたたび彼女の桃唇からつづられた。光輝を放つ大きな瞳も、女性らしいミディアムヘアも、やや厚い唇も。なにより、体に巻いたバスタオル越しからでもわかる巨乳も。彼女は、私が高校生のときから変わっていない。

私はどうだろう。少なくとも背丈は成長した。高校入学時は同じくらいの目の高さだったのに、今や不敬にも彼女を見下ろしている。

だが中身は……。

彼女に見合うほど、私は己の魂を磨けただろうか。自問自答の私をよそに、彼女はゆっくりと歩みよってくる。女体を前にして、私は生唾を飲みくだす。

そして彼女……福原千夏《ふくはらちなつ》教諭とのことを思いだしていた。

「将来なんてどうでもええわ」

自分の担任だというのに、彼女とまともに会話をしたのは、放課後の進路指導のときがはじめてだった。高校に入学してもう一カ月。そろそろ黒い学ランが暑苦しく感じるころだった。

「ふうん、そうか。どうでもええんか」

新任の女性教師、福原千夏は笑ってさえいるように見えた。腹立たしく感じたが、私は目の前の彼女から顔を背けるだけに留《とど》めた。そして、自らの発言をくり返す。

「そうや。どうでもええんや」

無意識に左肘を触っていることに気づき、私はさらに忌々しい気持ちになる。

グローブも、バットも、スパイクも、それに賞状も、トロフィーも捨てた。そんながらんとした部屋に帰るのはつらかった。

しかし、学校にいるのもまたつらい。今だって、不幸に見舞われなかった者たちがグラウンドを駆けまわる声が聞こえてくるではないか。

次の瞬間である。がたんっと、椅子が倒れんほどの勢いで千夏先生は立ちあがった。思わず私は彼女を見る。しかし私などもはや眼中にないとばかりに、彼女は声を張りあげた。

「運命とは、最もふさわしい舞台へ、あなたの魂を運ぶ」

私はポカンとした表情をしていたに違いない。しかし千夏先生は堂々と、まるで主演女優のように片手を天に掲げてさえいる。

彼女は不意に目線を落とした。情熱が燃える双眸《そうぼう》に見つめられ、私はたじろぐ。

「シェイクスピアの言葉や」

当時の私でも知っている、歌劇の偉人である。

そういえば彼女は自己紹介のとき、舞台や演劇が好きだと言っていたような……。

「櫻井《さくらい》くん、望む舞台にあがる日は絶対に訪れる。だからその舞台に見合うように、魂を磨くんや」

千夏先生は力強く言った。その語勢に私が思わずうなずくのを見て……彼女はにっこりと笑った。

私が目の端で千夏先生を常に追うようになったのは、この進路指導のときからだ。

「おっ、櫻井くん、陸上部に入ったんか。先生も演劇部の顧問になったんやで」

「櫻井くん、課題のプリント、まだやで。はよ出してな」

「合格おめでとう、櫻井くん、いくら東京が楽しくても、ときどきは帰ってきぃや」

千夏先生がそばにいた三年間は楽しく、矢のようにすぎた。

そして卒業式の日……。

ふたりきりになる機会を強引につくり、私が彼女に向けて放った言葉。さすがの千夏先生も目をまるくしていたのを覚えている。

千夏先生はまたも、私を道に戻した言葉をくり返した。

「運命とは、最もふさわしい舞台へ、あなたの魂を運ぶ」

死ぬ思いでの告白のあとである。私は震えながらそのつづきを待った。

「先生の言ったこと、覚えてるか。櫻井くん、傷ついても立ちあがれる君の魂をずっと磨きつづけていて。そしたら……」

遠まわりの拒絶だとは、うすうす感じていた。だがその日から、私は私なりに研鑽《けんさん》をつづけた。異郷の地での生活を乗りきれたのは、この言葉のおかげである。

成人式とそのあとの同窓会を機会に、私は地元に帰った。会場には担任であった千夏先生も、とうぜん出席している。

「櫻井くん、元気にしてたか？」

千夏先生の笑顔と美貌にまったく変わりはなかった。彼女と久しぶりに会う私は、なんだか必要以上に緊張してしまう。

「うん、元気や。ゼミも部活もがんばっとうで」

「そうかぁ……櫻井くん、背も伸びてカッコよくなったし……カノジョとかできたんちゃう？」

冗談めかした口調での問いかけである。だが、彼女は私の心変わりを確かめたかったのだろう。そして、安心したかったのだ。だが私は、千夏先生が想像するより頑固だった。

「カノジョなんておらへん。つくる気もないわ……俺は、今でも先生が……」

「うん……」

そのあとは、私も千夏先生も無言でグラスを傾けるのみであった。

幸運にも彼女と帰路をともにしたと思ったら電車が動かなくなり、おり悪《あ》しく大雨まで降ってきたのは、今でもなにかに導かれていたとしか思えない。

千夏先生に手を引かれながら、雨夜の街中を走る。かつて彼女が言った、運命という言葉が頭にぐるぐると渦を巻いていた。

私と千夏先生は逃げこんだホテルで順番に湯を浴びて……そして彼女は今、私に自分の裸形をさらけだそうとしていた。

細い指がバスタオルの結び目にかかった。水を吸って重くなった白布が地面に落ちる。視界に、それよりさらに白い千夏先生のヌードが飛びこんできた。

服を着ていてもわかる大きなバスト、くびれたウエストからつづく豊かなヒップライン、成熟を感じさせる下腹部の茂み……すべてがはじめて見るようだった。

ＡＶやエロ本を視聴したことはもちろんあるのだが……ナマの女裸体はそんな記憶を吹きとばしてしまったのだ。

あるいはそんなふうになったのは、相手が千夏先生だからかもしれなかった。

目を強烈に引くのはやはり、千夏先生の胸だった。白くて、豊満で、やわらかそうで……そしてなにより、その頂上の乳首。その色彩も造形も素晴らしかった。女の証《あかし》たる乳房はふっくらとしているのに、小ぶりな同心円と曇りのない艶のそれは、少女ののもののようにも見えた。

私の視線から逃れるかのように、千夏先生は両手で胸を抱いた。

「ん……やっぱりそんなに見られるのは恥ずかしいわ……先生、もうすぐやし……」

「そ、そんなことない。めっちゃきれいや」

だから、隠さず見せてくれ。そこまで口を滑らせなかったのは、精気あふれる若輩の忍耐としては上々だっただろう。

しかし千夏先生は体をひねり、正中線を私から遠ざける。そして、はすかいに私を見あげるのだった。

「でも最近、ちょっと垂れてきてん……櫻井くん、昔から私のおっぱいよく見てたからわかるんちゃう？」

「………」

思わぬところで図星を突かれた。高校生のときの記憶があふれ出てくる。職員室の自席に座る彼女にプリントをわたしに行ったときのこと。廊下を歩く彼女と偶然に出会ったときのこと。存在を主張する千夏先生の双山に、私はこっそり目を走らせていたのだ。

いや、こっそりと言うのは間違っている。彼女にはしっかりバレていたのだから。

まさか自覚がなかったのか？

千夏先生の顔がそう言っている。彼女はちょっとあきれた声音《こわね》を発した。

「言っとくけどな、男の視線ってめっちゃわかるんやで。よう覚えときや」

「は、はい……」

久しぶりに受ける、千夏先生からの教えである。私は素直な返事をした。千夏先生も、よろしいとうなずく。

こんなやりとりがお互いの緊張をほぐすいいきっかけになったのかもしれない。千夏先生は微笑《ほほえ》むと、私に行動を促した。

「櫻井くん、座って。ううん、もっと脚をひろげて……」

エロに熱心だった私である。千夏先生がなにをしようとするのか、想像がついた。

私の予想は見事に的中した。彼女はやわらかな膝を折り、私の股ぐらにひざまずいたではないか。千夏先生の頭頂部が目に入る。

よく手入れされていることがわかる髪のすじ……年長者の女性をかしずかせることなどはじめてである。私の興奮は早くも最高潮に達しようとしていた。

「ふふ、めっちゃ元気やね。おち×ちん、おなかにくっついてるやん」

千夏先生が愚息の様子を詳細に解説する。そのとおり、私のペニスはふだんより急角度で持ちあがっていた。ほぼ垂直を指す亀頭は、はるかかなたの宇宙をにらんでいるようである。

細い指がペニスの根元をつまんだ。千夏先生はちょっと力を入れて、勃起の角度を下げる。それだけの接触で、私は目もまばゆいような快楽に殴りつけられた。

「んん……むう……」

冷たい、熱い、湿っている、気持ちいい。さまざまな反応が私の中で湧きあがる。

千夏先生が私のペニスを咥《くわ》えた。言語化された感想をようやく抱けたのは、千夏先生が往復運動を何度かしたあとだった。

「ちゅぽ、ちゅ……んむっ、ちゅぽ……ん、んぅ……」

水気がたっぷりの空間になにかが突きたつ音。やわらかな物が擦《こす》れる音。そして荒い呼吸音……千夏先生のフェラチオは、私の耳にも快感を注ぎこんだ。

息も絶えだえのエクスタシーのなか、私は目線を下にやった。そこには千夏先生がいる。私の股に顔を埋《うず》め、キツツキのように頭を動かしている……。

今の彼女の行動すべては、私を悦《よろこ》ばせるためにしているのだ。

そう思ったときだった。

「せ、先生、もう……ッ」

「ん、んんぅ……」

言葉も行動も間に合わなかった。私のペニスはコントロールなどやすやすと振りきり、白砲を発射した。棹《さお》はどくんどくんと跳ねて種汁を飛ばす。精源たる陰嚢《いんのう》は痛いくらいに持ちあがっていた。

あかんっ、あかんって、こんなん……。

私はそう思っていたはずである。しかし、快楽は思考など簡単にねじ伏せる。射精はあきれるほど長くつづいた。沈静を見はからい、千夏先生は口を引く。ぷるぷるした唇が敏感になった亀頭を擦り、私は座りながら腰が砕けそうになった。

「せ、せんせ……ごめん……口の中に……」

「んんっ……ん、ぐ、んんぅ……」

べつに気にしてない。千夏先生の表情はそう語っていた。しかし、彼女の瞳は涙滴でうっすらと濡れている。それがとてもセクシーに見えた。

彼女の細い喉は先ほどから、せわしなく上下している。精飲しているのだ。そう理解したとき……欲望を吐きだした直後だというのに、私のペニスには早くも熱血がまわりはじめた。

「ん……んむう……ふう、めっちゃ出たね」

見あげる千夏先生はにっこりと笑った。

なんと返したらわからない私に対し、千夏先生は自然に次の提案をする。

「櫻井くん、今度は私を気持ちよくして」

千夏先生はベッドに横たわった。いつもより小さく見える。シーツのしわが裸形の輪郭を描きだして、豊かな尻やほっそりしたウエストが強調されているようである。

あおむけに寝た彼女が私を見あげている。学校では目にすることのなかった、妖艶さが含まれた視線。私は無意識に唾を飲みこむ。

「櫻井くん、まずはおっぱい、触って」

吐息まじりの声。私は何度もうなずいた。

千夏先生の胸。誇張や例えではなく、夢にも見たことがある彼女のバストだ。それに触っていいと、その持ち主が許可を出した。はやる気持ちを抑え、私は両手を着地させた。

「ん……」

か細い吐息を頼りに、私はとにかく行動をはじめた。豊かな胸乳を手のひらで持ちあげる。白妙《しろたえ》肉を五指で揉《も》みほぐす。目に見えて硬くなる桜の端を、目尻が裂けんばかりに凝視する。

千夏先生の呼吸が浅く、荒く、速くなっていった。

「ん……うま……櫻井くん、おっぱい触るのうまいやん……」

相手は童貞、しかも年下の青年である。リップサービスはたぶんに含まれていただろう。しかし、千夏先生の言葉は私の自信を大いに盛りあげた。驚くべきことにその効力は、現在までもつづいているのである。

「んんぅ……っ、あ、ああっ」

私は小さなポッチを軽くつまんだ。千夏先生は感きわまった声をあげる。その反応に私は思わず手を放す。そんな私に、千夏先生はうらめしげな目を向けてきた。

もっとしてくれないの？

そう伝えているように思えた。

「ねぇ……下も、触ってぇ……」

「わ、わかった……」

千夏先生は両膝を立て、脚を開いた。

ナマではじめて見る、女性のM字開脚……男を受け入れようとする女はこれほどまで煽情的《せんじょう》なのかと、頭がクラクラした。

女性器はよく花に例えられるが、まさにそのとおりだった。蜜を吸集する羽虫のように、気づけば私は己の人さし指を膣に挿し入れていた。

「んんぅ……っ」

千夏先生はすでに濡れていた。肉の洞は温度が高く、ぬるりとした感触だった。表面も想像とは違う。つるりとしたものではなく、幾重ものヒダが備えられていた。

女の内部に触れた。モザイクで遮られていないそこには、とうぜん息遣いと鼓動がある。生々しささえ感じた。

私はおぞけづきそうになるが、千夏先生との交歓は、そんな恐れさえも凌駕《りょうが》するものだった。

「あっ、あ、あううっ」

抜き挿しをくり返していた指が内肉に捉えられた。膣道はきゅぅっと収縮し、彼女の白いももが震えた。

イッた。千夏先生をイカせたのだ。私の胸に、満足感と達成感がじわじわと湧いてきた。

だが、それが胸を満たす間もあればこそ。私は熱っぽい視線に気がついた。その主は、とうぜん千夏先生である。

「来て……」

短い言葉で促される。私は返事をすることも忘れて立ちあがった。

「わ」

千夏先生はちょっと驚いた声をあげた。私の股ぐらに鎮座するペニスが、ふたたび天空をにらんでいたからである。

「あんなに出したのに、もうおっきくなっとうやん。さすが、若さやね」

私の放精を完飲した千夏先生である。どれだけの量だったかは、彼女がいちばん詳しく知っているだろう。

私としても、あれがこれまでの生涯で最高の射精だった。しかし、私の分身はさらなる快楽の気配を鋭敏に感じとり、すでに臨戦態勢を整えていたのだ。

そして、ついに千夏先生とつながるときが来た。唾を飲みこむのは、今夜だけでもう何度目かわからない。私は脚を大きく開いた千夏先生の前に陣取る。

そして、得物を突くが……。

「あ、あれ？」

あるべきはずの空隙がない。亀頭は千夏先生のふっくらした恥丘をさまようばかりだ。フェロモンを放つ女の茂みに隠され、私は膣口を見つけられずにいた。

「下のほうからあがっていくみたいにしてみ。それで入るで」

言葉だけの指導は、千夏先生の意図するものだったのかもしれない。手とり足とり教えるのではなく、彼女はきっと私に、女体をどうやって探査するのかを会得させたかったのだろう。

彼女に従い、私は腰を動かす。指導は果たして正しく、私の最先端は千夏先生の入口を発見した。

私は腰をゆっくりと押しだす。自分の分身が異性の壺《つぼ》に包まれていく。一ミリ進むごとに、生まれ変わっていく気がした。

「あぁ……っ」

すでにペニスは中ほどまで埋めた。艶声を受けて、結合部に集中していた目線があがる。私は千夏先生の顔を見た。

涙で濡れた瞳は淫靡《いんび》な輝きを放っている。紅潮した頬、半開きになった桃唇、汗で額に張りついた前髪……彼女の表情が官能で揺れている。

私は高校生のときを思いだしていた。記憶の中の彼女はいつも笑顔でいる。千夏先生は明るくて前向きで、力にあふれた女性だ。膝を抱えてひねた男をも、もう一度立ちあがらせるほどの輝きを持っている。

私の無意識は一瞬、行動を停止させた。そんな太陽のごとき彼女を汚してはならないと、純情が訴えたのかもしれない。

しかし、私の脳のもっと奥にあるもの。それが湧きたたせる劣情は、その比ではなかった。腰をぐいぐいと押しだし、彼女を自分のものにしてしまえとけしかける。

ややもせず、そのときが訪れる。

「あぁんッ」

私と千夏先生の腰がぶつかった。ついに私は、彼女のナカに全挿入を果たしたのだ。

「あぁ……」

その声は私のものだったか、千夏先生のものだったか。それは判然としない。しかしそれは、間違いなく快楽が溶けこんだ声だった。

「あぁぁ……先生、気持ちええ。すごい、ま×こすごい……」

「うん……っ、私も気持ちええよ……おち×ちんで、いっぱぃ……」

動きに合わせ、千夏先生の語尾が消えていった。もはや、言葉など不要なのだ。

私は腰を引く。挿入したときと同じくらいの甘い痺《しび》れが陰茎に走った。もう一度それを味わいたくて、快楽の星光に目をまばゆくしながらも腰を押し出した。

「んんぅ」

不器用きわまりないピストンである。映像が残っていたら失笑を買うに違いあるまい。だが、真剣だった。私はもちろん、私の心を受けとめてくれた千夏先生も。

「あんっ、あんっ、あぁっ、う、ううんっ」

ガタガタと揺するような抽送で千夏先生の巨乳と嬌声《きようせい》が弾む。鎖骨にまで流れた汗と口端から垂れた涎《よだれ》が光っていた。

気づけば、あれだけ遠ざけようとしていたはずの臨界点がすぐそこまで迫っていた。

「先生……また出るっ。出てまうっ」

私の叫びに千夏先生は応えない。ただ無言で脚をからめてくるのみだった。すべやかなふくらはぎが私の腰を抱く。導きに従った私は、千夏先生の最奥で欲望を爆発させた。

「うう……っ、あっ、あっ、ああっ、あああっ」

二回目の射精とは思えないほどの勢いだった。亀頭が破裂したのではないかと危惧するほどのほとばしり。千夏先生の嬌声と力を増した抱擁がそれを物語っていた。

私はこれまでに幾度も射精をしてきた。しかし女体の奥でする、いわば真の射精を経験したのはこれがはじめてだった。

男のスタートラインに立った……。

そんな心境だった。

いや、それは違う。私は立ったのではなく、立たせてもらったのだ。

「はぁ、はぁ、はぁ……」

私の息はすっかりあがっていた。吐液は二発だが、その濃厚さは経験したことがない。私は文字どおり、精も根もつきはてた心地だった。

額になにかが触れた。千夏先生の指先だった。微熱で頬を染めながらも、彼女は私に笑いかけている。

「汗びっしょりやん。ようがんばったね、櫻井くん」

その笑顔は高校の三年間で幾度も見たものと同じだった。だからこそ私は、千夏先生との隔たりを自覚してしまった。

私は東京に戻った。生来の拙劣さはいかんともしがたいものの、なんとか学生生活を乗りきり、無事に社会人となった。

千夏先生は……。

きっとまだどこかで、高校教師をつづけていることだろう。演劇部のある学校なら、その顧問に納まっているに違いない。

あの夜、彼女はあくまで教師だった。私を導いてくれた、進路指導のときと変わらず……。千夏先生は私の直心《ひたごころ》に対し、体を張って向き合ったにすぎない。

私は千夏先生の、シェイクスピアの言葉を信じている。

「運命とは、最もふさわしい舞台へ、あなたの魂を運ぶ」

あの夢幻のような一夜がこれの正しさを証明しているのだ。運命の手は人を舞台へ運ぶ。だから望んだその場に見合うよう、魂を磨かねばならないのだ。

そして、シェイクスピアはさらにいわく。

「この世は舞台。人はみな役者。ここでは誰もが一役演じねばならぬ」

遠く離れていても、私と千夏先生は同じ壇上に立っている。なればこそ、いつかどこかで彼女と相まみえることもあるに違いない。

そのときこそ、生徒と教師という配役ではなく。ひかれ合う男女としてレビューを演じられればと思う。

四十二年目のマドンナ──神奈川県・無職・七十九歳・男性

齢《よわい》五十六歳になった一九九八年の夏。中元品を見に行きたいという妻のお供で、横浜駅西口のデパートに行ったが、品選びに余念のない妻と離れて、喫煙所に向かおうとした。

「同じものならシナモンは、アンでもいいの」

という女の言葉が耳を捉えた。客の女が言ったシナモンは品物、アンでもはなんでも、と言っているのに違いない。それは私が十五歳まで過ごしたF町で、聞き慣れたかすかななまりだった。

客は女ふたり連れのようだが、店員と話している女を見て目を疑った。

体形は変わっているが、中学時代の憧れの同級生で、しょうゆ製造会社社長の娘、香山麗子《こうやまれいこ》だった。

「失礼、香山さん」

近づいていって、声をかけた。

「はい」

怪訝《けげん》そうに見返すとび色がかった瞳が輝いた気がする。

「僕、わかります？」

口もとのホクロを見つめながら聞いた。かすかななまりより確かな証拠だ。

当時、口もとのホクロが色っぽいと人気のKという女優がいたが、中学生ながら同じ口もとにホクロのある麗子のほうがずっとキレイだ、と思っていた。

「わかります。シンちゃん、中井真二《なかいしんじ》さんですよね。あ、ごめんなさい。こちら、姉です」

そう言って、香山麗子は隣で微笑《ほほえ》んでいる女の肩を抱くようにした。

「麗子さんの中学時代の同級生、中井真二です」

直立不動で名のって頭を下げた。

「久しぶりなので、どこかでお茶でもごいっしょしたいけど、ちょっと用事があるので、明日のお昼ごろ、お電話さしあげていいかしら」

麗子はそう言って小さな手帳を取り出した。

よかった。二カ月前、娘に無理やり買わされた携帯電話が役に立ちそうだ。

翌日の昼、麗子がすまなさそうに連絡してきた。

「ごめんなさい。三十二年ぶりにお会いできたのに勝手を言って」

三十二年ぶりと言ったのは、二十五歳の夏に同窓会で一度会っていたが、満足に話もできないまま別れていた。そのあと、同窓会には一度も出席していなかった。

「俺はいま横浜に住んでいるけど、香山さんは？」

「私は今でもFの田舎住まいですわ」

F町は横浜の対岸にあり、昔から船での往来があったことから、F町出身者は横浜に就職したり、横浜在住者と結婚する者も少なくなかった。

実際、F町生まれの私の母も、その妹の叔母も、横浜在住者と結婚している。

「姉は結婚してから横浜に住んでいます。そういえば、真二さんは戦時中に横浜からFに疎開してきたんですものね」

麗子は四十年前のことも鮮明に覚えていた。

「香山さん、いや今は香山さんではないか」

「はい、おかげさまで二十二年前に結婚していますので、麗子と呼んでください。真二さんは？」

「結婚して二十九年。妻ひとり、子供は男と女ひとりずつ。賞罰なし、以上」

「私も夫はひとりで、子供は男ふたりの女ひとりです」

麗子は、電話の向こうでいたずらっぽい目をして言った。

「昨日会ったばかりで叱られるかもしれないけど、近いうち食事にでも誘おうと思っているんだ。でも、Fに住んでいるのでは難しいね」

「大丈夫よ。だって、アクアラインを使えば横浜まで一時間で行けるもの。昨日だって私ひとりで運転して横浜の姉のところへ行ったのよ」

そう言われて気づいたが、昨年の冬に神奈川県の川崎《かわさき》と、千葉県の木更津《きさらづ》の間に、東京湾アクアラインが開通していた。

「ご主人には悪いけど、来週の土曜日あたりどう？」

鉄は熱いうちに打てだ。

「ほんと、うれしい。でも、主人のことは心配いらないわ。だって、シンちゃんは主人よりずっと前から知っている人だもの」

元社長令嬢らしい返事が戻ってきた。

翌週の土曜日、妻には釣りに行くと言って、車で家を出た。

麗子とはK市の保健所の近くで待ち合わせしていたので、海ほたるで時間をつぶしたあと、K市に向かった。

窓を全開にして走らせながら四十二年前を思い浮かべた。

町でも指折りの資産家の娘と、母子家庭の私が親しくなったのは中学三年のとき。麗子と私がクラスの図書委員になったことがきっかけだった。

図書委員は月に一、二度、図書室の整理をする役目があるが、ある日の午後、先に図書室に来ていた麗子が鉛筆サックを手に持って歌を唄っていた。

そのころ私たち生意気な生徒たちの間で、ブリキの鉛筆サックを手にして「サック、サック、MARA、サック」とはやしたてながら歌うのがはやっていた。

麗子が図書室でその歌を口ずさんでいたのを居合わせた私に聞かれてしまったのだ。私はそのことを誰にも話さなかったが、麗子には負い目となったのかもしれない。

そのころから図書室の整理を終えたあと、学校の近くにある麗子の家に招待されることが多くなった。

生まれてはじめてのコーヒーやコーラをごちそうになっただけでなく、麗子が弾くピアノで「エリーゼのために」を聴かせてもらうチャンスに恵まれた。

その代わりというわけではないが、多少なりとも成績のよかった私が、図書委員なのに国語が苦手な麗子の家庭教師の役を引き受けたこともあった。

そんなことを思い浮かべながら走ってるうちに、麗子との待ち合わせ場所に着いた。

「真二さん」

保健所の横に車を止めると、オレンジ色のブラウスと、白のジーパン姿の麗子が高い声をあげて駆けよってきた。

誇らしげに揺れる胸のふくらみと、目立つようになった口もとのホクロを見つめながら、知り合いにでも会うことを考えて、人出が少ないであろう休日の保健所を選んだのに、自分から目立つことをしてと思ったが、お嬢様育ちでは仕方がないかと納得させた。

「今日のブラウスとジーパン、見事だよ」

少々太めだが、バタくさい容貌の麗子に似合っているので、子供のころの言葉を使ってみた。普通は美しい女の人や花を見たときはきれいと言って褒めるが、F町では見事というのが褒め言葉だ。

「わあ、懐かしい。真二さんに見事なんて褒められると、うれしいわ。でも、服が悪いわけではないけど、苦しくて」

そう言われて見なおすと、三十二年前の同窓会で会ったときもその兆しはあったが、ブランド物らしいブラウスとジーパンが気の毒に思えるほど豊かな胸と腰だ。

「今日行くお店、どこか当てはありますか。とくにないようでしたら、私が案内しますね」

麗子はそう言うと、家庭のことを話しはじめた。

三歳年上の夫は、海産物加工会社を経営していること。子供たちはそれぞれ結婚して別所帯だが、娘夫婦は同じ敷地内にある家に住んでいるなどとうれしそうに話している。

海を臨むレストランで、麗子は車の運転で飲めない私に申しわけないと言いつつ、ビール、ワイン、出された料理をあますところなく平らげた。

「でも、真二さんと七夕の三日前に会えるなんて思わなかったわ。今度は、横浜でごいっしょできるかしら」

「織姫《おりひめ》さま、よろこんで」

私はそう答え、膝の上につつましく置かれた手を握った。

「こんなデブチンの織姫では、天の川で溺れそうね。私、五年前に義兄《あに》を亡くした姉が寂しがるので、月に一度は泊まりがけで横浜に行くの」

麗子は言いわけしながら、熱い手をいつまでも委ねていた。

一カ月後、麗子の望んだ横浜マリンタワーが見えるレストランに行くと、

「わあ、すてき」

娘のようにはしゃいだが、憧れの女と食事ができる私の気分も至福の極みだ。

「真二さん、お時間、まだ大丈夫？」

食事を終えると、そう言って火照った顔をよせてきた。

「俺は平気だけど、それより今日はお姉さんになんて断ってきたの」

シャンパン・ゴールドのワンピースの胸もとからのぞく、豊かなふくらみを盗み見ながら聞いた。

「姉には帰ると言ったけど、家には二泊すると断ってきたの。今夜はこのレストラン

の上にあるホテルの部屋を予約しました。お部屋だけでものぞいていきますか」

桃色に染まっていた顔を白っぽくして言った。

のぞいていくか、と聞かれて、夜景だけ眺めて帰るほど堅物ではない。

部屋に通されるのを待って抱きしめると、胸もとから熟れた女の匂いがした。

「汗を流してきます」

そのことを察したのか、私の腕から器用に抜け出して浴室に向かう。

「グシャイタイ」

白いバスローブ姿で戻ってきた麗子の耳もとに、F町の方言「セックスしたい」という隠語でささやいた。

「いやっ」

と言って、一度は胸を押した麗子だが、肩に手をかけて引きよせると、もたれるようにすがってきた。

むっちりとした体を抱きあげて部屋の奥にあるベッドに運んだ。

薄く開いている唇を吸うと、控えめに吸い返してきたので、バスローブのひもに手をかけたが、人妻の矜持《きようじ》なのか、ひもは固く結ばれている。

てこずりながら解《ほど》いて胸を開くと、白い乳房が重そうに揺れている。バスローブは脱がせまいとしているのに、ブラジャーは着けていない。

不可解な女心を思いながら、血のすじが透けてみえる乳房に指をはわせると、薄桃色の乳首を口に含んだ。

「あん」

甘えるような声をあげて抱きついてきたので、腰にまわした手をフリルつきの真っ白なショーツにかけた。

麗子はわずかにあらがうそぶりをしたが、きつめなショーツを引き下げた指は、淡い秘毛が煙《けぶ》る淫らな丘に触れている。

折った指で恥唇を割ると、肉の襞《ひだ》は潤みに満ちていた。

「あっ」

襞に添うように指を動かしただけで、声をあげて抱きついてくる。

「いいの？」

耳もとにささやくと、コクリとうなずいて私の胸に顔を伏せた。

年に不似合いな可憐《かれん》なしぐさがいとおしかった。

粘りを増した潤みを指でまさぐり、さやからむき出しになった肉の実に添えて小刻みに揺すった。

「あっ、あっ、あっ、あっ」

麗子は切れぎれに悦《よろこ》びの声をあげて崩れ落ちる。

「ふしだらな女と思わないでね」

かすれた声で言って、両手で顔を覆った。

「いや、とてもすてきだよ」

「だって、二度会っただけなのに……」

私は彼女の口を吸って、むっちりとした膝を割った。

「あっ」

いきり勃《た》った陽根を埋《うず》めただけで、高い声をあげる。

「お願い、じっと……」

腰を動かそうとすると、小声で言って、からめた脚に力をこめる。すると熱を持った肉が、陽根をつかんだような気がして、早くも弾《はじ》けそうになった。

「このままで欲しい」

麗子が大胆なことをさりげなく告げて、私のふくらはぎにからめた脚に力をこめた。憧れの女といまつながっている。

そう思っただけで、耐えきれなくなった。私は豊かな胸に顔を埋めると、四十二年の思いの丈を麗子の熱い肉に放った。

「アトガツクヨウニスッテ」

身繕いして戻ってきた麗子は、そう言って顔を伏せた。

痕がつくように……。

人妻なのに大胆な、と一瞬迷ったが、バスローブの胸を開くと、腋《わき》の下に口をつけて強く吸った。

「本当はこっちに……」

秘所に指を向けると、腋の下からゆがんだ円形に血がにじんでいる。

「痕がついたよ」

私は腋の下からにじみ出た血を、指でなぞって乳房につけた。

「真二さん、うれしい」

麗子が私の頭をかき抱くようにしたので、腋の下から乳くさい匂いが漂ってきた。

肉欲をかきたてるような匂いにあおられて、肉襞を探る指の動きを速めると、くちゅ、くちゅ、くちゅと淫靡《いんび》な音をたてはじめる。

「あれ、変な音が聞こえるよ」

耳たぶを甘がみしながら言うと、すがるように抱きついてきたので、火照った体を膝で遮ると、充血しきった肉の実に指を添えて小刻みに震わせた。

「あっ、あっ、ああっ、いいっ、気持ち、いいっ」

麗子は切れぎれに悦びの声をあげると、豊かな腰をせりあげて達した。飲み物でもと思って体を起こすと、麗子が迎える姿勢を取っている。

勘違いしていると思ったが、早漏れの汚名をそそぐ絶好のチャンスだ。

硬さを取り戻した陽根を恥口にあてがって、ゆっくり埋めていった。

「あっ、ああっ、いいっ、真二さん、気持ち、いいっ」

麗子は声をあげて、私の太ももにからめた脚に力をこめてくる。

憧れのマドンナが、これほど淫らだとは勝手が違った。

思えば、良家の娘だから清純……というのは私の偏見にすぎない。

そう考えると、麗子はしょうゆ製造会社の社長令嬢らしい奔放さを発揮しただけかもしれない。

「真二さんを好きになったのは、あの歌のことを誰にも言わなかったからなの。あのときはヤマコウ（屋号）の娘があんな歌を唄っていたことが世間に知れたら、お嫁に行けなくなるなんて真剣に思っていたわ」

「当時F町の若者の間ではやっていた『サック、サック、MARA、サック』というエッチな歌を君が中学の図書室で唄っていたことだよね」

「そう、いやな女よね、わたしって。でも真二さんを好きになったのは、歌のことだけではないのよ」

麗子は私の胸に火照った顔をよせて話しつづけている。

「真二さん、今度はF町に来るって言ったけど、次は私が横浜に行きますから」

麗子は部屋を出てゆく私に告げると、首にすがって口を吸った。

私が麗子をマドンナと思うようになったのは、中学のときはじめて麗子の家に呼ばれたときからだ。

部屋に置かれた大きな机の上に、当時人気のあったアメリカのロックンロール歌手エルビス・プレスリーのブロマイドと並んで、きれいな外国人女性の肖像画が飾られていた。

「マドンナです」

そっけなく答えたが、女性の髪や瞳の色も含めて、子供のころからキューピーのあだ名で呼ばれていた、と聞いている麗子に似ている気がした。

あとに知ったことだが、肖像画は麗子が幼いころから通っていた教会に関係があるらしい。

一カ月後、レストランで食事を済ませて、麗子とホテルの部屋へ向かった。

「真二さんといっしょだと、食事しているだけで体が火照っちゃうわ。ごめんなさい。汗を流してきます。この背柳の串刺しをおつまみにおビールでも召しあがっていてください。懐かしいでしょう、主人の会社からいただいてきたの」

麗子はそう言い残して浴室に向かった。背柳（バカ貝）は、母親が貝採りをしていたので、子供のころ串刺しの手伝いをさせられた苦い思い出がある。

その貝の薫製を半世紀近くたった今、不倫相手から勧められるとは……。

でも、うまい。

戻ってきた麗子を抱きあげてベッドに運ぶと、バスローブを剝いで、真珠色のショーツの上から秘所に口をつけた。

「いやっ」

わずかにあらがうそぶりをしたが、布地ごと強く吸うと、私の頭を太ももで挟もうとしたので、腰にまわした手でショーツを引き下ろした。

「さっきの貝もおいしかったけど、麗子のナマ貝もうまそうだな」

エロおやじまる出しのギャグを言いながら、とがらせた舌で割れ目の肉襞をなぞり、口に含んですすった。

「あっ、あっ、いいっ、気持ち、いいっ」

麗子は切れぎれに悦びの声を放って達した。

「今度は私が……」

と、荒い息のまま私の下穿《したば》きを引き下ろすと、いきり勃った陽根を口に含んでせわしなく首を振った。

力が入りすぎているので、快感を通り越して痛みさえ覚える。

「はめたい」

わざと下品な言葉を使うと、麗子は尻を掲げて獣の姿勢を取った。

思ってもいない行為に一瞬怯《ひる》んだが、つつましくすぼまるつぼみの下で、濡れそぼつ蛇口が誘うように光っている。

私は尻えくぼのある腰を抱えて陽根をあてがうと、ゆっくりと埋めていった。

肉に満ちた体を抱えて腰を突きあげると、耐えきれないかのように腹ばいになるので、豊かな尻を引きつけて小刻みに腰を使った。

「あっ、あっ、いいっ、真一さん、気持ち、いいっ」

麗子は絶え間なく悦びの声をあげると、そばにあった、ダックス・フンドを模した長枕を抱きかかえた。

「あれ、いるの」

熱い肉に埋めたまま聞いたが、快楽の余韻に浸っているのか、顔を伏せたまま動こうとしない。

「サック、サック、MARA、サック」

耳もとで小さく唄った。

「いやっ」

麗子が鋭い声を放って腰を引こうとしたので、陽根が抜けそうになった。

と言って、尻を引きよせ、腰の動きを速めていった。

「あっ、あっ、いいっ、気持ち、いいっ」

麗子は絶え間なく声を放って崩れ落ちた。

それからまたひと月がすぎた。約束したレストランに行くと、彩子《あやこ》という名の姉が待っていた。

「すみません。妹が急に行けなくなったからと……」

そう言って、携帯電話を手渡した。相手は麗子だった。

「部屋は取ってあります。五回目の秋彼岸も終えたので、亡き義兄も許してくれるでしょう。姉にやさしくしてあげてね」

矢継ぎ早にそう言うと切った。

麗子をひとまわり小さくしたような姉は、還暦を迎えたとは思えないほど若やいだ雰囲気を醸し出している。気づまりな食事を終えてホテルへ向かった。

ふたりの麗しい姉妹愛が理解できないままシャワーを浴びて部屋に戻ると、姉の姿が見えない。

「ここです」

部屋の奥にあるベッドから消え入るような声がする。覚悟を決めてベッドに近づいていくと、バスローブ姿の彩子が正座して迎えた。

「お願いします」

タオルケットにすっぽりと包まり、頭を下げた。

「彩子さん」

お姉さんでは変だろうからと名を呼んでタオルケットをめくると、抱きついてきた。窮屈な姿勢のまま唇を吸うと、控えめに吸い返してくる。

ブラジャーをはずして、手にあまるほどの乳房を揉《も》みほぐしながら、薄桃色を残している乳首を口に含んだ。

「あ、はん」

ショーツに手をかけると、かすかにあらがうしぐさを見せたが、構わず引き下げた。妹に似た淡い秘毛を乗せた丘を手で揉みほぐしたあと、指を折って唇を探ると、肉襞は潤みに満ちていた。

少しでも早く極みにと思って、指を肉の実に移して小刻みに揺すると、こそばゆいと言って腰を引いた。

経験上、男との関係が乏しそうな女性は、くすぐったいという例が多い。麗子の姉も夫に先立たれ、長いこと性の営みから遠ざかっているのを確信した。

「お願いします」

消え入るような声に顔を向けると、膝を立てて迎える姿勢を取っている。

妹よりおとなしい印象だが、深いところはやはり姉妹だなと思いながら、肉づきのよい膝を割って、いきり勃った陽根を恥口にあてがい、ゆっくりと埋めていった。

「あん、あん、ああん」

あえぎ声を出し、かすかに眉をよせて肉の悦びに浸っている。そんな表情を見ていると、不意に高まってきた。

腰を揺すって果てると、組みしかれていた彩子は、魚のように跳ねて私の首にすがった。

「妹が嘘《うそ》をついてまで会いたかった理由が、少しだけわかった気がします」

身繕いを終えた彩子は、そう言って首すじまで赤く染めた。

「でも、嘘をつける相手がいるだけ幸せね。私も妹に食事をしただけと言おうかしら。

この先、麗子ともどもよろしくお願いします」
彩子はそう言って妖艶な笑みを浮かべていた。

元カノとの再会

――埼玉県・無職・六十八歳・男性

七年前の二月、はがきが届いた。

――今年、中学校同級会を還暦祝いもかねて盛大に開きたい。

という内容の案内である。

開催日は海の日を入れた三連休の中日でもあり、迷った。今までに数回の同級会開催があったが、出張や学校行事などの都合ですべて欠席していたので、今度こそ必ず、との思いで出席の返信をした。

当日、上野《うえの》駅発宇都宮《うつのみや》ゆき七号車に乗る。小山《おやま》駅東口のロータリーには、級友の倉《くら》見《み》に迎えを頼んでおいた。

ロータリーで待っていた倉見の愛車プリウスに三人が乗りこみ、喫茶店で涼んでから行くことになった。飲み物は女性ふたりが果物ジュース、倉見は好物のアイスコーヒー。

そして俺は、ハイボール。四十年ぶりに会うかもしれない祥子《しようこ》のことを思うと、アルコールを飲まずにはいられなかったのである。

鬼怒川《きぬがわ》ぞいにある会場に着き、幹事に会費と写真代を前払いして、懐かしい面々がいる奥のテーブルへと足を運んだ。

「みなさん、こんにちは。暑いときにお集まりいただき、ありがとう。還暦祝の宴《うたげ》の前に、集合写真を撮りたいと思います。面倒でも、いったん反対側にある畳敷きの大広間に移動してください」

幹事からのアナウンス。

アルコールがすでに入っていた俺は、勢いのまま最前列に陣取った。幹事のひとりの正男《まさお》が座る場所を探していたので、

「正男、来いよ、座る場所、空けとくから」

俺は声かけした。

俺の右隣に彼が座った関係で少し窮屈感が生じ、隣の女性の右足と俺の左足が密接

状態になり、正座している女性の足のぬくもりがなんとも言えない快い刺激となっていた。

集合写真の撮影が終わり、上半身を左にまわして隣の女性を確認したら、なんと四十年ぶりに見る祥子本人であった。偶然の出会いに期待がふくらんだ。

「びっくりしたよ。まさかここで会えるなんて。テーブルはいっしょでいい？」

「ホント、私もビックリ。信《しん》ちゃん、今まで元気にしてた。これまでの同級会に一回も来なかったから、今日も来ないのかなぁと諦めてたの、私……ぜひ、ごいっしょに……」

と、祥子。

安心した俺は胸をなで下ろした。

祥子は中学を卒業した直後、女友達の道子《みちこ》に手紙を託して俺に届けてくれた。内容は、ぜひともおつき合いをしたいとの告白だった。以来、高校の帰りに待ち合わせをしては、自転車を並べて帰宅していた。

メイン会場には十を超えるテーブルがあり、後方窓際のテーブルに決めた。

同級会は盛大に終え、俺は当初から祥子とともに二次会を含めて最後までつき合うと決めていた。祥子と仲よしの友子《ともこ》の車に乗せてもらい、二次会会場に移動する。

その会場は一次会会場から十分くらいの場所にあるスナックで、すでに同級会メンバーが十人ほど先着していて楽しそうにカラオケに興じていた。俺らもすぐにカラオケに興じる。

にぎやかに談笑がつづくなか、

「もう、こんな時間だよ。そろそろあがりにしようよ。みな、大丈夫か。帰れるか」

と、誰かが声をあげた。

「信ちゃん、会計をお願い」

俺が全体の会計を済ませて帰宅を迷っていると、

「今、小山駅方面に行くから駅前のホテルにでも泊まることにすれば、どうかしら」

友子から助け舟が入った。ならばと祥子を伴い、三人で駅へ向かう。祥子らが泊まるホテルは最上階に大浴場を擁するビジネスホテルで、ふたりはすでに予約していた。

祥子は同級会の合間に内緒で、

「九年前に離婚していて、今は独り身なの」

と、俺に打ち明けていた。

駅前ロータリーに着き、俺は車から降りた。祥子もドアを開け、降りてきたので、ハグしたい衝動が湧きあがった。

祥子に近よったが軽く左腕で払われ、四十年ぶりに会えた悦《よろこ》びの感情が、悲しくも萎えた夜であった。

ホテルにチェックイン。着衣のままベッドに寝た。翌朝、残念ながらなにもハプニングが起きないまま、始発電車で帰宅。同級会の終わりであった。


同級会を終え、一週間がすぎたころ、祥子に連絡を取りたくなり、幹事作成の参加者名簿で祥子の住所を探し、手紙を書いた。もう一度会ってゆっくりと話したかったのだ。手紙には携帯番号を連絡手段として書いておいた。

三日後、祥子から電話が入ってからは急速に話が進み、八月九日に熱海《あたみ》で会う約束をした。俺はすぐにガラケーからスマホに機種変更を行った。

そのあとふたりは、写真をＬＩＮＥで送受信しては楽しみ、一刻も早く現実の生活感覚や祥子の体形などを確認しておきたかった。

送ってもらった写真は、祥子のふくよかな乳房や下腹部の茂みと陰部。そしてキッチンや寝室の風景、ベッドに寝そべる妖艶な裸体……などなど。

俺の注文どおりの構図に撮っては臆することなく送ってくれた。

俺もそれに負けじと、そそり勃《た》たせた肉茎や工夫して、自撮りした尻などを撮りまくった。

数日後、電話が入った。

「今、事務所に私ひとりなの、チャンスかしら。エッチなことしたい」

と、唐突な話を入れてきた。

そこで俺は、

「祥子のかわいい手を、俺のペニスのカリのくびれに当ててしごいているのを想像して」

「わかったわ」

「しごいて、しごいて、祥子」

「しごいているわよ、信ちゃんのあそこ」

「硬直したペニスを、口いっぱいに頬張って頭を上下に動かしているのを想像して、そしてペニスの味を確かめて」

「いやだぁ、もうヒクヒクしている」

「どこ。どこが？」

「いやだぁ、濡れてきた。あそこがヒクヒクしていて、やばいよぉ」

「ほら、先走りのスケベ汁があふれてきたよ」

「私、指を入れちゃうね。いい？」

「いっしょにイクよ、イクよ、祥子」

と、ふたりは恍惚裡《こうこつり》にテレホンセックスを終えた。


約束の八月九日。祥子と待ち合わせの熱海駅に着いた。祥子は旅装でもワンピースが似合い、スカートからすらっと脚が伸びている。

改札を出てコンビニを見つけ、アルコール類とつまみを買いこみ、タクシーで数分のホテルに到着した。エレベーターに乗って部屋にはいるやいなや、

「風呂にお湯入れて」

「はぁい」

と、新婚気分。

祥子が浴室から戻ると、

「祥子、いっしょに服を脱ごうよ」

「わかった。でも、もう少しビール飲んでからね」

「そうか、そうしよう」

「私、グラスなしでビール飲みたいわ」

「口移しか？」

「うん」

祥子が微笑《ほほえ》んで、艶っぽく話した。

俺はビールを口に含み、祥子に口移しで運んだ。祥子は、ゴクンと喉を鳴らした。

「おいしい？」

「おいしいわ。幸せ」

ふたりは唇を求め合い、舌をからめ合いながら激しいキスを交わした。

「それじゃ、そろそろ脱ぐ？」

祥子といっしょに一枚ずつ上から順に脱ぎ、俺がブリーフを脱ごうとした瞬間に祥子が、

「ねぇ、見ていい？」

と、甘えるような言葉で聞いた。

「どこを」

「信ちゃんのあそこ」

「もしかして、元気になっているかも」

「早く見たい」

と言うや、祥子はブリーフを一気に腰から下げた。片膝を立てた祥子の眼前に、硬直した肉茎が現れる。

「すっごぉい」

うれしそうなまなざしで手を添えてきた。

「あぁっ、早く欲しい。これ、私のものにしたい」

「そうだよ、もちろん祥子のものだよ」

祥子は、すでにＬＩＮＥの写真で見ていた俺の肉茎にいとしさをこめたように、キスをしながらも着衣を脱ぎ終わった。

バスタオルで体を包み、ビールをふたたび飲みはじめた。

そして、

「じつは今日、祥子のために持ってきた物がある」

「なにかしら？」

と、祥子は期待をこめた。

「女性器二〇〇大解剖図鑑。昔、ネットで買ったんだ。書店で注文するのも気が引けたからね」

俺は正直に伝えた。

「ねぇ、ちょっと見たい。見せて」

祥子の期待した表情に、俺は変な安堵《あんど》を覚えた。

「ふたつめは、昔ポラロイドで試し撮りした俺の勃起しているペニスの写真……」

「へぇ、よく撮れたわね。大きくて立派。カリのくびれも立派で、今まで私が見たことがないわ。これは、絶対にちょうだいね」

祥子はクスッと口もとに笑みを浮かべた。

「わかったよ。はじめからそのつもりだから……」

祥子に手渡した。

俺は、祥子の目が輝いているのを見逃さなかった。

「そろそろ風呂に入ろうか。先に入っているから、あとで入ってきて」

俺は素裸でバスルームに向かった。しばらくして祥子はタオルを乳房から下腹部に縦に下ろした格好で入ってきた。

「お待たせぇ」

と言いながらタオルを剝ぎ、バスタブの中にある俺の肉茎の上に尻を落としてきた。祥子をうしろからだっこするかたちになり、ふくよかな乳房をやさしく揉《も》んだ。祥子は上半身を右うしろ向きにまわして、唇を突き出し求めてきた。互いに吸い合い、激しく抱き合った。

「シャワー浴びない？」

と、祥子。ところがシャワーを浴びたところで急に、背後から祥子の花壺《はなつぼ》に入れたいという衝動に駆られた。

「ねえ、このチ×チン見てくれ。最大にふくれてる。今入れたいよ、祥子」

俺は我慢の限界を伝えた。祥子の腰をつかみながら肉づきのいい臀部に肉茎を持っていくと、スルッと花壺に入った。祥子の花壺も準備ができていた証《あかし》なのだろう。

ここでは挿入したままで、じっと辛抱。

「ねえ出さないの。出してもいいのよ」

「我慢する。ここでは出さないよ。ベッドでゆっくりと祥子の体を舐《な》めてから、いっぱい中に出したい。還暦を迎えた男は、一度出したら次の勃起まで時間がかかるからな。だから、辛抱する」

「でも、祥子のほうが我慢できないかもしれない。欲しい、欲しいよぉ……」

たしかにペニスを入れるために会っているわけだし、社会的な経験も豊富に積んできているふたりにとっては、若い時分の駆け引きや計算など必要としないことは明白だった。

「ベッドに移ろう、祥子」

豊満な乳房にバスタオルを巻きつけた祥子が、滑るようにベッドに足を入れてきた。

俺は祥子のバスタオルをはずし、素裸になった祥子に腕枕した格好で顔を近づけ、唇を重ねた。しばらくそのままでふたりだけの感触を貪る。

「私、男性から祥子と呼ばれたの久しぶりなの。忘れてたわ。だからすごくうれしいし、変な気持ちになってしまいそうよ、信ちゃん」

「祥子、手をペニスに持ってきて、カリ首をさすって。それがすごく気持ちいい」

「わかったわ。気持ちよくなるのね」

「俺も祥子のあそこを触りたい」

「どこ。あそこはだめよ」

「あそこってどこ。なんというの、あそこは」

「言えない、死んでも言えない」

「言ってみろよ」

「そんな……」

祥子は布団の中に顔を埋《うず》めて恥じらったあと、

「……オマ×コ」

小さな声で答えると、そして子供みたいな口調で、

「言っちゃったよぉ、あぁ、恥ずかしいよぉ。言っちゃったよぉ」

この淫らな俗語をつぶやいたことで、祥子の緊張がほぐれたように思え、やわやわとしている秘唇を中指でなぞった。

「だめ、だめぇ」

祥子は、そう言いながらも肉茎を固く握り、

「ちょっと、信ちゃん、体を上にずらして」

そう言ってかけ布団を跳ねあげた。

「もっと上に来て。そうそう。あぁ、ちょうどいい感じ」

肉棒をいとおしそうに口の中に含めた。俺は両手を壁に当てて、腰をあげて反らしながら、祥子の口を軽く突きあげる。

「うぐっう、うぐっ」

祥子は、うなりに近い声を鳴らしてはカリ首を吸いこむ。

俺の肉棒は、はちきれんばかりに硬直している。

「ねぇ、聞いて。今日、持ってきたの」

「昔もらった、信ちゃんからの手紙……」

「そぉ、二十歳のときに自宅に送られた求婚の手紙よ。バッグから持ってくるね」

そして、バッグから取り出してくると、

「ねぇ、覚えてる？　これよ」

と、俺に手渡した。

すぐにわかった。

「すでに処分したと思っていたよ。よく持っていたね。この手紙、四十年も君といっしょだったんだね」

「私、結婚してからタンスやいろんなところに家族に見つからないように、隠し持ってたの」

ふたりがいっしょのベッドの中で、掌中の珠《たま》のごとき「この手紙」を見合うなんて信じられない。本当に会えてよかったと実感した。

腕枕の中の祥子は、甘えては肉棒を弄んで腰で交合を促した。俺は布団を祥子の頭あたりにかけて下腹部の茂みを眺めては、唇でゆっくりと割れ目を下から上に舐めあげた。

つづいて秘唇を開いて真珠珠のような陰核を舌でなぞり、やわらかくキスをして最高に悦ばせた。

「入れるぞ。祥子、俺のペニスを膣の入口に持っていって」

「あそこ、わかんない。少し下、もう少し下。そこよ、そこ」

濡れて待っていた祥子の花壺に突き入れた。

「うっ、うぅぅっ」

身をよじりながら祥子は、

「ピクピクしている、あそこが。いい、いい、ああぅ、あぁ、すごくいい。信ちゃん、もっと突いて、はやく、あぁ……」

俺は、腰をゆっくりと8の字に動かしては徐々にピストンのスピードをあげた。

「出すよ、イキたいよぉ」

「来て。突いて、突いて。私の体の中をぜんぶ信ちゃんの熱いもので埋めてちょうだいぃ」

「うおっ、出すぞ、祥子」

女壺に射精の脈動が走って精汁がほとばしるのを覚え、俺は果てたのであった。

思いきり射精したあと、少しの疲労と満足感を味わっていたら、

「ねぇ、そのままでいて。ねぇ、お願い」

祥子はわずかに涙を浮かべて、足を俺の腰に交差させてアクメに達したかのような表情が見てとれた。

俺は、精汁で濡れている祥子の花唇をティッシュで丁寧に拭きとってあげた。

「ありがとう。やさしいのね。信ちゃん、好きよ。そういえば、初恋の男とは男女の仲になかなかなれないと聞いたことあるわ。今日結ばれることができて、祥子本当にうれしい。幸せ、感じるぅ……」

「そう言ってもらえて俺も本当にうれしい」

シャワーを浴びるため、いっしょにバスルームへ。お互いに体のすみずみまできれいにやさしく洗い合い、タオルで拭き合ってから再度ベッドイン。

祥子の耳たぶに息を吹きかけては吸い、耳の穴にも舌を入れてうごめかせた。大きくふくよかな乳房を両手でつかみ、唇で乳首を吸い、揉んではわせ、たっぷりとくり返し責めた。

そして首から肩に唇を移して舐め、首すじが大きく浮き、花唇へと下ろしていった。女陰に唇をつけて祥子の蜜液の匂いを嗅ぎながら、肉豆から下へと舐め下ろした。茂みにキスをしていたら、ひとすじの白いものが目にとまった。やっぱり祥子も年齢相応だと思った。かく言う俺も、白いものが生えている。

そして、両足の指先まで舐めあげた俺は、四十年分の愛撫《あいぶ》をささげた。

「今日持ってきた手紙には、信ちゃんのせつなる気持ちが書いてあったわ。今思うと、本当に私がばかだったの。こんなにも体の相性がいいのに……本当に、私ばかなの」

涙声で話しているように聞こえ、間違いなく切実なる打明けをしてくれたのだ。

気を取りなおした祥子は、

「ねぇ、うしろからはしなくていいの？」

「いいのか、するする」

祥子の大きなお尻をうしろから、目の前に眺めて出し入れできることはうれしいかぎり。だが、もう射精までは無理なのを承知で、祥子のお尻を両手の中に抱えこんだ。

濃厚なキスを重ね、きれいでむっちりとした尻を両手で押さえながら突きまくった。

ふたりには二度目のとてつもなく大きな波が押しよせ、壮大な性交の感覚を味わって、還暦の肉が弛緩《しかん》して果てたのだった。


ホテルにそって流れる初川《はつかわ》の歩道を歩いて親水《しんすい》公園へと出た。

夕暮れのサンビーチを肩よせ合いながら、沈黙のまま駅へ向かった。

「また、会おうよ」

「ええ、わかったわ」

ふたりは別々のホームに歩くと、四十年分の情事を思い出と体に収めて、互いに手を振り合って別れた。

そのあとも、祥子とのＬＩＮＥのやりとりはつづいている。

バツイチ巨乳ママ——群馬県・公務員・五十四歳・男性

「うん、だから適当に冷蔵庫の中のものは食べていいって……」

石倉《いしくら》さんがスマートフォンで話をしている。通話の相手は学生だという息子さんのようだ。

石倉さんは全裸である。色白の肌にやや茶色に染めた髪が似合っていると、私は思う。おっぱいはとにかく大きいが、ちょっと垂れている。でも、そんなところも魅力だと思う。

そして陰毛は少し濃いめかな、などと思いながら、彼女を見ていると、私の視線に気がついたのか、背を向けた。

お尻は大きいというほどではないが、きゅっとしまって筋肉質だ。それはきっと彼女が立ち仕事をしているからなのだろう。

私たちは郊外のラブホテルにいた。休憩時間が長いのと、食事のメニューが充実していること、そしてその食事の料金のメンバー割引率が高いので、よくこのラブホテルを利用している。

彼女のお尻から視線をはずし、ベッドの上を見ると、陰毛が一本落ちていた。戯れにつまみあげてじっくり見てみる。すっと伸びたやや細めの陰毛は、石倉さんのものだと直感した。

「ごめん、ごめん。いきなり電話でなにかと思ったよ」

照れ笑いをしながらスマホをガラス製のテーブルの上に戻すと、石倉さんはベッドの上をはうようにしてやってきた。

大きなおっぱいが鍾乳石《しょうにゅうせき》のように垂れている。

「息子さん?」

ベッドの上に座り、私は彼女を迎え入れるように脚を大きく開いた。

「まったくねえ、もう二十歳にもなるのに」

そんなことを言いながら、石倉さんはさらにこちらへやってきた。私はそんな息子さんがむしゃぶりついたと思われる左右の乳首を両手の指でつまんだ。

石倉さんは目を開くと、先ほどから屹立《きつりつ》している私の陰茎に指を伸ばした。その指はいつも地元のスーパーでレジを打っている指なのである。

私は仕事帰りなどにそのスーパーをよく利用していた。自炊をする気はさらさらなく、弁当や総菜、酒、おつまみ類、そして朝食用の食パン、ほぼいつも決まりきった品物を無造作にカゴに入れながら、疲れた体で店内をさまよう。

ほぼ唯一の楽しみは彼女、そう石倉朱美《あけみ》さんのレジで会計をすることだった。それにはちょっとしたコツがいる。

まず店内に入ったらレジの前を通りすぎ、レジの担当者の顔ぶれをさっと眺め、石倉さんがいるときは、そのレジ番号を覚える。

そして、ごく自然に石倉さんのレジのそばにある品物をカゴの最後に入れるようにする。

そうしておいて、しれっと石倉さんのレジの前に立つ。石倉さんのレジがこんでいるときに石倉さんのところに並んでしまうと、気を利かせた店員さんが隣のレジを開け、

「お待ちのかた、こちらへどうぞ」

と誘導されてしまうこともあるので、石倉さんのレジに並んでいる客の性別、年齢層、カゴの中身のチェックも欠かせない。

私は石倉さんに支払い方法がスマートな男性だと思われたくて、一連の準備をして流れるように会計を済ませる。

そして、石倉さんの大きな前歯がのぞく口もとから発せられる「ありがとうございました」のひと言をご褒美のようにいただいて、帰路につく。それが寂しい中年男性の、この私のささやかな楽しみだった。

「やだぁ」

私がベッドの上で石倉さんのおっぱいをいじりながら、キスの延長で、彼女の大きな前歯を舐《な》めまわしていると、彼女が口を離した。

遠ざかるふたりの唇から涎《よだれ》が糸を引き、彼女のおっぱいと私の陰茎とを電線のようにつないで、そして下に垂れた。

私はそっと彼女の左右の太ももに両手をはわせ、軽く持ちあげるようにしぐさをした。彼女はそれに応じてお尻をあげた。

私があぐらをかくと、陰茎が彼女に向けて突き出されたような格好になる。彼女は私ににじりよると陰茎を右手で握り、位置を合わせるように腰を動かした。

そんな手なれたしぐさで彼女は、私にまたがってきた。いわゆる、座り茶臼、対面あぐらというスタイルである。

彼女の熱く湿った場所に私の陰茎が収まり、彼女の顔が私の正面に来る。長いまつげ、少しつりあがった大きな目、高い鼻、好みのタイプだ。そして大きな前歯が、半開きになった口から見えている。

私はたまらなくなり、またその口にキスをした。そして彼女のお尻に手をまわすと、彼女はわかってますと言わんばかりに腰を上下に動かしはじめた。

先ほど、彼女が電話に出るときに部屋のBGMを切っていたので、私たちの接合部から発せられる音がより生々しく部屋に響く。

ニチャッニチャッ。

フリルのついた大仰なシーツの敷かれた昭和感ただようラブホテルのベッドの上で、若くないふたりがまるで若い恋人どうしのように対面で熱いキスをし、愛し合っている。

荒い吐息、シーツの衣《きぬ》ずれ、きしむベッド、そしてふたりの接合部から発せられる生々しく粘り気のある濁音。

やがて彼女の動きが激しくなり、キスをし合う口もとが互いにずれはじめ、互いの涎がそれぞれの口もとになすり合わせられる。

「ああっ、ちょ、イク、イク」

彼女が焦るような、そしてすがるような声を出しはじめた。もちろん、ふだんお店で発せられる「ありがとうございました」とは違う声色である。

私は彼女のお尻がゆがむくらいに力をこめてお尻の肉を握ると、自らの股間に押しつけた。

「出すよ」

と言うと、彼女は大きくうなずいた。茶色い髪の毛が汗ばんだ額や頬に張りついている。

「くっ、出る……」

私は彼女の耳もとにそう言った。つぶやきのようでもあり、なにかの脅し文句のようでもあり、愛の宣言のようでもあるその言葉を発しつつ絶頂を迎え、彼女の中に精を放出した。

彼女は私の背中にまわした手に力をこめた。

毎回感じているが、彼女の体は見た目よりずっときゃしゃだった……。

やがてふたりはもつれ合うようにベッドに上に倒れこんだ。

枕もとにあるティッシュボックスからティッシュを取ると、彼女の手に握らせた。彼女がもぞもぞと動く。おそらく彼女は自分の性器からあふれた私の精液をぬぐっているのだろう。私は彼女の性器を思い浮かべた。

テラテラと光っている海の生物のようなヌメヌメ感と少し塩辛いその愛液、そして磯《いそ》の香りに似た芳香を思った。

石倉さんがティッシュをベッドサイドのゴミ箱に捨てるために、私に背を向けた。

自分の精液と石倉さんの愛液で濡れた陰部が少しスースーした。そんな感触を楽しみながら、私はあの蒸し暑い夜のことを思い出した。

その日、いつも以上に残業で遅くなり、私が石倉さんの勤めるスーパーへ行ったときは、もう閉店の直前だった。

客が多いときには七台くらいが稼働しているレジも、その夜は一台しか稼働していなかった。その一台に制服の淡いブルーの半袖ポロシャツに黒いエプロンをつけ、やや茶色かがった長い髪を頭のうしろで束ねた石倉さんが立っていた。

それを確認した私は、見切り品の刺身パックと発泡酒のロング缶二本をカゴに入れ、弁当コーナーにまわった。

弁当はすでになく、ワゴンには四分の一サイズに切られたお好み焼きのパックがひとつだけポツンと残っていた。それをカゴに入れ、レジに向かった。

店内に閉店を告げる曲が流れはじめた。私は石倉さんの前に立った。私が見せたポイントカードにバーコードリーダーを近づけた石倉さんは、

「いつもありがとうございます」

と、抑揚のない声で言った。そして無表情で品物をスキャンしはじめたが、お好み焼きのパックを手にすると、動きが止まった。石倉さんは私のうしろに客がいないことを確認すると、

「ちょっと待っていてください」

と言い残し、そのパックを持ってサービスコーナーに行き、なにやらごそごそしていたかと思うと戻ってきた。

「すみません、割引になっていなくて。はい。こちら、半額になります」

石倉さんが私を見て、ニコッと笑った。彼女の笑顔を見たのは、はじめてだった。

私はうれしかったが、変に思われてもいけないので、どうも、みたいな返答しかしなかった。レジ袋に買った品物をつめる私のうしろを、清掃員がモップをかけて通りすぎた。

振り向くと、すでにレジに石倉さんの姿はなく、通行禁止を示す黒いプラスチックチェーンが下りていた。

車に乗りこんでスマホを確認すると、部下からの連絡が入っていた。部下は急いでいたらしく、今度は電話がかかってきた。

部下とスマホで話をしながら車の窓の外に目をやると、店の裏手のほうから二、三人の女性が出てた。その中に、石倉さんがいるのに気づいた。

彼女はもうひとりの女性と自動販売機の前の喫煙コーナーに立つと、たばこを吸いはじめた。

いつもそうしているのだろうか。退勤前の一服といった風情だった。部下との電話を終えた私が、忘れないように話の要点をメモ帳に書き終え、視線をあげると、一服終わった石倉さんがひとり、こちらに歩いてくるのが見えた。

メモ帳を持った私は、急いでそれに自分のスマホのコミュニケーションアプリのIDを走り書きした。石倉さんはますますこちらの車に近づいてくる。

私は思いきって車のドアを開け、外に出た。防犯灯がともっているとはいえ、暗い駐車場で車のドアが開き、男が出てきたので、石倉さんはあきらかに驚いていた。

「さっきはありがとうございました」

私が切り出すと、少し怪訝《けげん》そうだった表情が和らいだ。

「ああ、さっきの……」

覚えていますよ、といった感じで、石倉さんが言ってくれた。

「親切にしてくれてどうも……」

言葉を考えていなかった私は、同じようなことをもう一度言ってしまった。妙な間が空いた。

私がなにか言わないといけないと思った瞬間、石倉さんが、

「いつも来てくださいますよね」

と言ってくれた。

「ええ、まぁ、家が近くなので」

さすがの私でも、まさかこの年をして、石倉さんがいるから、などとは言えない。

「そうなんですか……今後ともよろしくお願います」

石倉さんは営業用スマイルで笑った。やはり、唇からちらりと見える白くて大きな前歯はチャーミングだった。

「こ、こちらこそ……」

私は曖昧《あいまい》な返答をした。なんだか口が渇いてしまって、うまくしゃべれないような感じがした。だが、思いきって先ほど車内で走り書きしたＩＤを書いたメモを押しつけるように石倉さんにわたしした。

「ご迷惑でなければ」

私はそう言ったが、あとあと考えてみるとかなり迷惑だったと思う。

ぽかんとしている石倉さん。私はそのメモを返されるのが怖くて、

「失礼しました。お気をつけて」

と言うと車内へ入り、失礼します、と重ねた。

メモを突き返される前に、この場から立ち去りたかった。店の駐車場から道路に出

ると、車をいったん止めてバックミラーを見たが、もう石倉さんは見えなかった。

そのあと、数日がすぎた。あのような子供じみたことをしなければよかったと思うこともあれば、新鮮なときめきに若やぐ自分もいた。

そんなときに彼女からの返信が届いた。最初のひと言は「○○さんですか」のようなものだった。うれしかった。

私はすぐに返事を書き、また彼女からの返信もあった。若い人と違い、私たちのやりとりは多くて日に一度、間が空くときは一週間に一度くらいのこともあった。

そのようなことがあってからも私は変わらずあのスーパーに行き、彼女のレジに並んだ。変わったのは彼女が目を合わせて会釈をしてくること、彼女のレジで会計をした日には「ありがとう」などというたわいのないメッセージが届くことだった。

そんなやりとりの中で、彼女がいわゆるバツイチであること、息子がひとりいることがわかった。

そんな石倉さんと個人的に会ったのは秋の終わりころで、彼女の息子の高校卒業後の専門学校選びの相談がきっかけだった。

その専門学校の専門分野と私の仕事のジャンルとに重なりがあり、実際に会って話をしたほうが早いということになった。

石倉さんの家から近いコンビニ駐車場で待ち合わせ、レストランへ向かった。目の前で焼かれるステーキのフランベを見ながら食事を堪能《たんのう》したあと、別のテーブルに移動してコーヒーを飲みつつ息子さんの相談に乗った。

また時期もちょうどクリスマスの直前だったこともあり、私は石倉さんへのプレゼントをわたした。彼女はためらいつつも、最後は喜んでプレゼントを受け取ってくれた。やがて店を出て、ふたりは私の車に乗りこんだ。

「時間はまだ大丈夫？」

「はい。息子には、今日は遅番だからと言ってきました」

ということは、スーパーの閉店時間である二十二時まで大丈夫ということのようだ。

「どこに行こうか……」

「どこにしましょうか」

ふたりとも車の中からレストランの蔦《つた》のからまる壁を見つめている。思いきって、

「少し休んでいこうか」

と言ってみた。

じつはこの日の前になんと切り出そうか悩んだのだが、結果、こんなかびくさい言葉しか浮かばなかった……。

しばらく沈黙がつづいた。やがて彼女が大きく息を吐くと、

「元ヤンですよ」

と言った。

私は一瞬、彼女の言葉が理解できなかった。

「元ヤンキーのバツイチですよ」

彼女は私に解説するように言いなおして、

「それでもよければ……」

とつけ加えた。

私は車のエンジンをかけると駐車場から車を出し、インターチェンジのそばのラブホテルが数軒あるスポットを目指した。

車内では石倉さんのやんちゃエピソードが語られ、私たちは打ちとけた。

やがて、私たちはラブホテルの駐車場の目隠し用のれんをくぐり、ちょっとたばこ臭の残るラブホテルの一室に入った。

彼女からひとり息子に仕事で遅番だと伝えたと聞かされた私は、なんだかせかされるように浴室のバスタブに湯を張った。部屋に戻ると彼女はソファに座り、所在なさそうにホテルの客室案内のファイルをめくっていた。

そのタイミングで彼女が開いたページに販売用の電動ディルドの画像が大きく載っていた。そのディルドは極端に亀頭を強調させたピンク色をした大きな陰茎で、浮き出した血管がグロテスクにモールドされていた。

私は彼女がこの道具を使ってあえいでいる姿を想像した。そんな気持ちのまま彼女の隣に座ると、肩に手をかけこちらを向かせた。

キスだよね、と彼女はわかっているように目を閉じた。私たちは、はじめてキスをした。彼女の口からたばこの味がした。

「お湯がたまったよ、きっと」

私はそう言うと、彼女の手を取り、ソファから立たせた。

彼女の指に自分の指を重ねると、レジ打ちのためか少し硬くなった部分があった。

それで私は改めて、あのスーパーのレジ担当の石倉さんといっしょにラブホテルにいるのだなと、しみじみ思った。

そのまま私はその手を取ると、浴室へと誘った。脱衣場では、私のほうから服を脱いだ。見ると、バスタブからお湯があふれようとしているところだった。

全裸になった私は浴室に入り、湯を止めた。振り返ると、髪をまとめている石倉さんのうしろ姿が見えた。

彼女のお尻は大きかった。はじめて見る石倉さんの裸身に私がドギマギしていると、石倉さんのほうはあっけないくらい自然にくるっとこちらを向いた。

髪をアップした石倉さんは頬から首にかけてのラインが強調され、いつもより口が大きく見えた。そして、ふだんは制服のポロシャツに隠されている乳房も想像より大きかった。

その大きな乳房の真ん中についた乳首はやや茶色かがっていて、大きめの乳輪はむしろチャームポイントで気にならなかった。そして、彼女の陰毛はわりとあっさりめだった。

やや前を隠しぎみにした石倉さんが歩いてくる。爪先には、ラメの入った紫色のペディキュアで彩られていた。元ヤンキーですよ、という言葉を改めて実感した。

場末のラブホテルの浴室で、全裸の中年男女が向き合っている。それも肌が触れるか触れないかくらいの狭い距離で。

ふたりの吐息が荒くなる。

私はたまらなくなって石倉さんの体を引きよせて抱きしめた。少し汗ばんだふたりの体が密着した。そのまま右手を彼女の股間に滑りこませる。

こういうことに慣れているのか、彼女はいやがりもせず、顔も背けもせず、むしろ堂々としているように感じられた。

右手の人さし指と中指が彼女の秘密の部分に触れた。ヌルヌルしている。指をはわせると、大きめのクリトリスが触っただけでわかった。

人さし指と親指でこよりを作るようにねじりあげると、はじめて彼女は腰をくねらせ、

「あああっ」

と、声を出した。

「久しぶりなの？」

そう尋ねると、彼女はコクンとうなずいた。

「元ヤンなのに？」

私が少しいじわるな質問をすると、彼女は小さい子を叱るときのように、メッという感じでにらんだが、目は笑っていた。

私はそんな彼女の目を見つめたまま、左手で彼女の右手を握ると陰茎に触れさせた。

彼女はそのまま握ってくれた。

私のその部分は敏感になっており、彼女の指にできたタコの感触が心地よかった。

「小さくて恥ずかしいのだけれど」

私よりもずっと経験豊富であろう彼女に私の陰茎を見せたり、入れたりするのが少し恥ずかしいような気持ちになって、私は陰茎をいじめ、彼女の耳もとでそうつぶやいてみた。

彼女は否定も肯定もせず、私の陰茎を、亀頭を、そして陰嚢《いんのう》をもまさぐったが、やはり手なれているようで心地よかった。

そんなふうに私たちはラブホテルの浴室で互いの性器をいじり合い、体を洗うと、濡れた体を拭くのももどかしく、ベッドのかけ布団をはぎ取り、シーツの上に倒れこんだ。

私は彼女の性器が見たかった。これまで彼女の体に群がった男たちが見、いじり、味わい、挿入したであろう女性器が見たかった。

私は体の向きを変え、彼女の下半身のほうに頭を近づけると、半ば強引に彼女の太ももを開いた。

石倉さんは抵抗することもなく、自然に脚を開いた。むあっとする湯気のような湿気のような磯の香りの向こうに、石倉さんの顔が見えた。

先ほど指でいじっていて感じたように、そのクリトリスは大きかった。さらにそのまわりにある外側の襞《ひだ》は肉厚で、彼女のスーパーで売っている貝を思わせた。

私がその内側にある襞を伸ばせるだけ伸ばすと、はじめて彼女の口から拒否するような言葉が漏れた。

私は襞を伸ばすのをやめて口を近づけた。舌をすぼめると、大きなクリトリスを舌でつついた。二、三回そうしてから、その肉芽を舐めあげて、その根元から突起を吸いあげた。

彼女の口から声が漏れた。少し大きな声に感じたが、ラブホテルだし、かまわないと思った。むしろ興奮して、もっと大きな声を出させたくなった。

彼女の性器を心をこめて舐めあげた。過去、彼女を抱いた男たちに負けないようにと舐めあげた。

彼女が大きな声であえぎはじめた。私は体を少し浮かせると彼女の顔を確認し、その口もとへ、すでに鈴口から液を垂れ流しはじめた陰茎を近づけた。

それに気がついた彼女は、その陰茎を口に咥《くわ》えた。思いもよらない下品な舐めかただった。じゅるじゅると音をたてて舐められると、その音だけで射精してしまいそうだった。

私は一瞬、彼女の顔に白くて濁った生ぐさい液をぶちまけたい衝動に駆られたが、初回のこの夜は、彼女の性器と自分の性器を結合させることとした。

私たちはいったん体を離してから、改めて抱き合った。そしてあおむけになった彼女の脚を開くと、その中心に彼女の唾液がついたままの陰茎を挿入し、キスをした。

そんな淫らなキスをし、陰茎をしゃぶった彼女の口もとが最近はマスクで覆われてしまい、スーパーで見ることできないのが残念。だが私はレジの前に並び、彼女との密会をつづけている。

水着の謎解き

東京都・団体職員・五十七歳・男性

スポーツジムに長年通っている。コロナ禍で緊急事態宣言が出されても、水泳だけはつづけてきた。

おかげで五十七歳の年齢になっても、おなかも出ず、いつも六、七歳は若くみられる体形を維持している。

ジムでは毎年、入会した月に会員証を更新するが、今年は受付のスタッフからマスク越しに、こんな言葉をかけられた。

「町村《まちむら》さん、入会十年になりましたね。長年の継続入会ありがとうございます。これで、町村さんは『プレミアム会員』ということになります。引きつづき、利用していただきますよう、よろしくお願いいたします」

「プレミアム会員……なにか特典が……」

と聞くと、月に二回、友人、知人を招待して、このジムを利用できるという。

そう言われても、妻からは友達が少ないとばかにされている私である。

妻は週末に友達を家に招待して、ホームパーティーでも開いて、昼間からシャンパンやワインを飲みたいと言うが、それすら誰を連れてきたらいいものか、一瞬頭を抱えてしまうほどだ。

週末はプールで泳ぐしか能がなく、その日も泳いだあと、浴槽に入り、自分の友達の少なさを嘆いていた。

ロッカーで着がえて帰路につく。妻からのメールで買い物リストが送信されており、了解の返信をしてスーパーに入った。

野菜や肉の売場で品物を買い物かごに入れ、酒の売場に行ったところ、わきにいるマスクをした女の人と目が合った。

「コ、コヤマさん？」

「あら、町村さん」

「お久しぶりですね」

と言うまで三十秒はかかっただろうか。

コヤマさんは、ジムのプールでよく出会う女性だった。

三十代前半で、切れ長の目に、ロウソクのように通った鼻すじ、そして小さめのキュッとした唇……。

まるでファッション雑誌から飛び出てきたような端正な顔立ちで、陸上の短距離走の選手のようなスレンダーなスタイルの女性だった。

ショートカットの頭を真っ白いプールキャップで覆い、泳ぐ姿はひときわ目をひいたが、なかでも個性的だったのは、いつもエンジ色のワンピース、いわゆるフリルスカートつきスクール水着を着用していることだった。

体のラインをくっきり出したくないという思いからなのか、もう少しかわいらしい水着だったらどうか、と感じていた。

会うたびに、

「これから水中アクアビクスですか」

「そうです。いっしょにどうですか」

とか、

「今度、プールで競泳のイベントがありますが、出ますか」

「ええ、短距離に出ようと思っています」

などと、会話も弾むようになった。

そんななか、彼女の姿が四月の下旬ごろから見かけなくなったのだ。

たまたま時間がずれただけだ、今度の週末には……と期待しつつ二カ月がすぎていた。

「最近、プールでお見かけしなくなったので、どうなさった」のかと思っていたのですが……」

「私、コロナの影響で、会社の業績が悪くなって、会社を辞めて失業中の身なんです。それで、ジムを退会したんです」

コヤマさんは、マスク越しだが、少し目もとをウルっとさせて言った。

「そうでしたか……それは失礼なことをお聞きしました。そんなこととはまったく知らなかったものですから」

「いえ、いいんですよ。もともと業績も大したことはなかった会社でしたし、スポーツクラブと同じで、コロナの影響をもろに受ける業種でしたから」

気にしないで……というような彼女の作り笑顔を見たとき、私はとっさに会員特典のことを思い出した。

「あのう、じつは私、あのジムには長く会員になっていて、プレミアム会員になっているんです。プレミアム会員だと、月に二回、友人知人を招待できる特典があるんです。いつかまた、プールで泳ぎませんか」

「えっ。そういうシステムがあるんですか」

「私の特典をいかしてご招待しますから、ジムでお会いしましょう」

先ほどの作り笑顔とは違う、本物の笑顔をパッと向け、

「えぇ、うれしいですけど、なんだか悪いですね。でも、お気持ち、すごくうれしいです。連絡先、お教えいただけませんか」

私は迷わず、

「こちらにメールをいただけませんか」

と、名刺を差し出した。

彼女は、お礼を言いながら、名刺の下のメアドの部分を指さし、

「必ずご連絡いたします」

と、切れ長の目を三日月の形に変えて、ニッコリ微笑《ほほえ》んだ。

このときばかりは、ふだん妻から友達が少ない、とばかにされていたので、なんだか誇らしく思った。

友達が多いと、会員特典をフルにいかして友人を誘って月に二回、とっかえひっかえでプールに行き、終わってビールをおごらせたことだろう。

それがこうしたきっかけで、ジム仲間の女性、しかもイケてる女性との再会が約束できたのだ。

その日は、

「連絡、お待ちしています」

と言って別れた。なんだかマスク越しに会話をしないといけないのがもどかしく思えたひとときだった。

次の週の半ば、彼女から、

——今度の土曜日の午後一時でお願いできませんか。

と、メールが入り、了解した。

当日、私ははやる気持ちを抑えてジムへ向かった。

ロビーを見るとまだ彼女はいない。

内心ホッとし、ソファに腰を下ろした。時計を見ると十二時五十分だ。ドアが開き、彼女が現れた。

白いTシャツにデニムのパンツというラフな出立《いでた》ちだ。私が手を振ると、気づいてくれた。

私がフロントで、コヤマさんは退会した人だが、プレミアム会員の私が招待したことを伝えると、スタッフは快く理解してくれた。

プールに入り、泳ぎ出すと、ほどなくして彼女が現れた。やはりエンジ色のフリルスカートの水着だ。

軽くストレッチをして、水中ウォーキングをはじめた。今までのジムでの流れそのままだ。

二往復ぐらいウォーキングして、彼女は泳ぎはじめた。

しなやかなクロール。バシャバシャと、水しぶきをあげながらどんどん進んでいき、あっという間にターンをし、ひと休みしている私のほうへ進んでくる。

右手でタッチし、ゴールし、足をついて立ち止まった。ゴーグルをあげ、顔を両手でぬぐう。

「やはり、プールはいいですね」

「いやぁ、前のスマートなフォームとぜんぜん変わりませんね」

「ダメです。ここに来なくなって、ブランクがあります」

と、彼女は謙遜《けんそん》した。私は話題をかえて、

「あのう、前から聞こうと思ってたんですけど……そんなに速く泳げるのに、フリルスカートの水着だと、邪魔になりませんか。競泳用の水着だと、もっと速く泳げると思うんですけど……」

と向けると、コヤマさんはなんだか痛いところを突かれた顔をして、

「いえ、私はもうずいぶんとこの水着を愛用しているんです。いろいろありまして」

と答えた。

「いろいろありまして」

という答えが気にはなったものの、とくに深追いすることなく、

「そうですか。じゃあ、時間の許すかぎり泳ぎましょう」

プールは二十五メートルプールで大きく三つに区切られ、奥から遠泳用、真ん中が

近距離用、入口に近いコースがウォーキング用である。

私は平泳ぎしかできないので、近距離用を二往復した程度だが、水を得た魚の彼女は、その間に遠泳用をクロールで三往復した。

彼女から背中を押されるように私もがんばって泳ぐが、ハァハァと、プールの中で息があがる。

休みやすみ泳いで、二時間ぐらいたっただろうか。

「そろそろ、終わりにしませんか」

と、彼女が言う。

そのひと言を待っていた。こちらから声をかけて、私から終わりにするのもちょっと気が引けた。

「じゃあ、あとはシャワーとお風呂とサウナでリラックスしてください」

私がそう言うと、

「あのう」

と前置きして、彼女は、

「お時間が許すようでしたら、あがったあと、ビールでも飲みませんか。私、久しぶりに運動したって感じです。それに今日のお礼もしたくて……」

私に拒否する理由などなく、着がえたあと、ロビーで待っていた。

「遅くなりました。すみません」

マスク姿の彼女が現れた。

「どこに行きましょうか」

「行き当たりばったりで、どこか行きましょう」

と、彼女は歩き出す。

ふたりでジョッキをコツンと合わせ、生ビールを喉に流しこむ。緊急事態宣言が開けて、店には以前の客足が戻っていた。

お互い運動のことなどいろいろ話に花が咲き、ジョッキが三杯目になった。

「ところで町村さん、私の水着、気になりますか」

彼女が話題を振ってきた。一瞬、虚を突かれながらも、

「えぇ、前からうすうす気なってはいたんですが……」

生返事を返した私に、

「あのう、ここでは話しにくいので、場所を変えませんか」

と、彼女は赤い頬で言う。

「どこへ行きましょうか」

心臓の鼓動の高まりを隠しながら、白々しく聞く私に、

「ふたりきりになれるところですよ。行きましょう」

と来た。

お互いマスクをし、彼女に手を引かれるように店の精算をして店を出た。

タクシーを止め、私が先に、あとから彼女がつづいてシートに腰を下ろす。彼女は行き先にホテル街を告げた。

車が走り出すと、彼女はマスクを取り、私のマスクを顎までずらし、頬にチュッとキスをしてきた。びっくりして見つめ返すと、顎を突き出して目を閉じている。

なんのためらいもなく左手を背にまわし、膝の上に横倒しした。目を閉じている彼女と唇を重ねる。

少しアルコール臭は漂うが、お互い寝息のような息遣いである。唇を離すと少し照れたように、ニコッと笑っている。

運転手にコトがわからないように背中を起こすと、彼女が、

「ビックリしたでしょう」

「えぇ、ちょっと。あのフリルの水着で泳いでいるコヤマさんがと思うとね。でも、うれしいな」

「じつは私、町村さんをチェックしていたんですよ」

「えっ」

「ですから、今日泳げたのは、ほんとうにうれしかったんです。それに、町村さんとこうしていられるのもうれしいんです」

彼女がそう言ってるうちに、ホテル街に着いた。

タクシー代を払うのももどかしく降りると、ホテルの入口に向かう。ドアを開け、急いで靴を脱いでソファへ行く。改めて抱きしめ、唇を重ねた。

最初は荒く、それからやさしい息になったところで唇を離した。先ほどのタクシー同様、ちょっと照れた顔になる。

ベッドに彼女を横たえ、私は脱ぎ捨てるように全裸になった。両手を挙げさせて、彼女のTシャツをまくりあげる。

「いやん」

Tシャツを脱がすと、純白のブラジャーがあらわになった。次にデニムのパンツの前ボタンをはずし、ファスナーを下ろす。

胸が高まりながら尻へ手をまわし、ズリズリと下ろしはじめると、ブラジャー同様、パンティーも真っ白だった。中年にとってやはり、白はお宝だ。

上下一枚になったところで背中へまわり、ブラジャーのホックをはずす。どんな乳房があらわになったのだろうかと想像しながら、背中に舌をはわせた。

「ああん」

彼女のくすぐったいような声が室内に響いた。背中向きの体を正面に向けさせると、陸上の短距離走の選手を思わせる小ぶりな乳房があらわれた。

その無駄肉をそいだような乳房をやさしく揉《も》みほぐす。そうしながら下へ、舌で責めることにして、円を描くように乳首を舐《な》めまわした。

五百円玉ほどの小ぶりでピンク色の乳輪、そして、小豆大のチョコンとした乳首がかわいい。彼女の「あはん」の声に淫らさが増してくる。

乳房からあばら骨、腰骨を舐めつつ背中から下へと手を伸ばし、パンティーのうしろに手をかけ、下ろそうとすると、

「ダメ」

と、手を払われた。

きっと上目遣いでにらむ目、そして股間を両手で押させている。

「どうして」

恐るおそる聞くと、彼女は申し訳なさそうな目で、

「ごめんなさい。さっきの水着のことで、答えはこれです」

そう言って、体を伸ばして、両手で隠していたパンティーの股間をあらわにした。

すると、おお、と思わず息をのんだ。彼女の股間はモッコリと半分に切った野球のボールくらい恥骨が隆起している。

土手高、いわゆるモリマンだ。

「ねぇ、わかったでしょう。私がフリルスカートの水着にしていたか。体の線が出るのが恥ずかしくて。フリルスカートで隠していたんです。この秘密があるので、結婚したくても積極的になれず、三十数年ずっと独り身なんです」

コヤマさんが顔を赤らめながら、一気に秘密を吐き出した。

「いいえ、もったいない。恥ずかしくなんかないですよ。立派な土手じゃないですか。

私はこのナマの土手高を見てみたいです」

生唾を飲みこみながらささやいて、彼女の上に覆いかぶさった。

「いやん。そんな、恥ずかしい。ダメ、ダメ、ダメってばぁ……」

彼女の悲鳴をよそに、スルスルとパンティーを下ろした。そして腹に顔を埋《うず》め、縦にキュッと割れたへそにむしゃぶりつくように舌を転がした。

ぜい肉のついていない腹だ。それから腰骨、そして舌が恥丘にたどり着いた。

「いやん。恥ずかしい」

たしかに、くるぶしが突き出たような見事な恥骨だった。

「町村さん、今、アタシの秘密を見て思ったでしょ。フリルのない水着だと目立つだろうなと。いやん。だから、そこをじっと見ないで。お願い……」

彼女の言うのは図星だった。まさにこれは目立つな、というのがナマを見ての実感だったのだから。

その秘密の恥丘のヘアは剛毛で、なんだか紙やすりを舐めている感じだ。

「はやく、はやく……」

いちばん恥ずかしい恥丘を越えてオアシスへ……という誘いだと解釈した。望みどおりに秘部に舌をはわした。高い恥骨が鼻のアタマに当たる。

「あん。感じちゃう」

淫らなあえぎ声が鼓膜に響く。

いったん鼻と舌を離し、両ひざを抱えた彼女の秘部を眺めた。高い恥丘を覆い隠す濃いめのヘアの奥に淫裂。そして、襞《ひだ》が心なしかヒクヒク動いている。

「そんなにじっと見ないで……」

恥ずかしさと性の悦《よろこ》びを欲する女としての本能が交差しているに違いない。興奮した私も顔を埋めるようにして淫裂に鼻を押しつけ、肉襞を上下に舌を転がした。

「あ、あん。だめぇ」

その声のとおり舌を離すと、

「いや、いじわるぅ」

という彼女の声がする。

それを待って、ふたたび淫裂に舌を転がす。下から上に、上から下に。彼女のあえぎ声がピークを迎えてきたときに、愚息もそそり立ってくるのを感じた。

ふたたび両ひざを抱え、インサートの体制を取ろうとすると、

「あの、ちょっと、アタシにも、ねぇ、立って」

とせがんできた。

言われるままに仁王立ちになると、彼女は正座を崩したかたちで座り、わが愚息を口に含んだ。

「おお」

と、彼女の口の中の温かさが愚息を包みこむ。

「チュパッ、チュパッ」

淫らな音をたてながら、頰をふくらませ、サオを抜き挿ししているのが愚息を通じてわかる。

目を閉じているのだろうかと思い、チラッと目を開けて彼女のほうに視線を落とすと、私の顔を上目遣いで見ており、目と目が合った。

さすがに恥ずかしく、天井を見ると、

「フフッ」

と、口もとが震え、笑っているのを感じた。

それから頭を右に左に振り、右手で袋を揉みほぐし、左で抜いたサオを支えている。

サオを口から離すと、それをへその下に押しつけ、尿道を舌で責めてきた。ムズ気持ちよさを感じる。そしてまたサオをくわえて、口に含んだまま、

「硬くなってますね」

と、小声でささやく。

ひとしきり舐めたところで口をすぼんで口を離し、名残惜しそうにサオのアタマにチュッとキスをした。

私は腰を下ろし、正座を少し崩している彼女の両膝を抱えようとすると、手をピタッと止められた。

そして、

「あのう、アタシ、ここがモッコリなので、うしろ派なんです」

と、恥ずかしげに言う。ためらわずにうなずき、彼女は顔を布団に埋め、両膝を立て、尻を突きあげてきた。

両膝をついた私の愚息は斜め上を向いている。亀頭の前に彼女のヘアに隠された淫裂が迫っている。

「アタシの中で泳いでね」

彼女は得意の水泳用語に擬して、私のインサートを誘った。

一瞬、フッと小さく笑いそうになったが、屹立《きつりつ》した肉棒がズブズブと彼女の淫烈の中へ押しこまれていく。

「ううぅ……あぁ……」

ワンワンスタイルでの挿入に、彼女は喜悦の声を漏らした。

腰が抜け、両太ももに張りつめた力が緩くなったようだ。慌てて両手で臀部を支え、

「じゃあ、泳ぎますよ」

と言って、腰の抜き挿しをはじめる。真下に目をやると愚息が彼女の淫裂に食いこんでいる。

肉襞は挿しのときは受け止め、抜きのときはめくれあがり、菊のご紋がヒクヒク動いている。動きに合わせ、

「はあん、はあん」

と言う彼女。私の足のつけ根が彼女の尻が当たるたび、

「パチン、パチン」

と、音が耳に届く。亀頭と肉棒が彼女の粘膜をこすりつけているからか、スレンダ

ーな両太ももの裏スジがピクピク動く。

また鍛えた体だからか、淫裂の締めつけがきつい。なんだか小さめのコンドームを無理やりかぶせたようだ。

「すごく、すごく気持ちいいです」

と言うと、彼女の、

「はあん」

という声がいちだんと高まる。その声を打ち消すように私は、

「泳いで。窒息しそう」

と、ジョークを言うと、

「いやん。もっと」

と言う彼女。つづけて、

「中で出していいんですよ」

左の頬を布団につけ、目を閉じたまま口を半分開けて言う。その声に背中を押され、

「ふん、ふん」

と、目を閉じて頭をあげたところで頭が真っ白となった。愚息から白濁液が彼女の

中に飛び出した。そして、泳ぎ出しているのがわかる。

私が支えていた両手を臀部から離すと、腰を抜かしたように、ヘナっと、曲げていた膝を伸ばし、下半身をバタンと布団に横たえた。

左の頬を布団に押しつけ、目を閉じ口は半開きだ。Vの字に開いた足、その交わったところに濃いヘアが見え、先ほどまで愚息が抜き挿ししていた淫烈と肉襞が見える。

このアングルだと、彼女の恥骨はわからない。もしかしたら、布団に食いこんでいるのかもしれない。

するとヌルヌルとあふれ出した白濁液が、淫烈から流れ出した。糸を引いてひとすじ、ふたすじと垂れている。彼女も気づき、

「あん」

と、半開きの口から漏らす。彼女の右側に横になり、首から顔を抱くようにして、体全体を抱きしめる。

彼女も両手を私の背中へまわしてきてしばし余韻に浸る。体を密着させると、やはり彼女の恥骨の盛りあがりを愚息の根元あたりで感じる。

「アタシの中で泳いでくれましたか」

と、小声で言う彼女に、

「えぇ、今は私の分身が泳いでますよ」

と答えると、彼女は肩を震わせて小さく笑った。

以来、毎月二回の週末にコヤマさんをジムに招待し、いっしょに水泳を楽しんでいる。もちろん、わが愚息も分身も、そのつど彼女の中で泳がせてもらっている。

蒼いフォトグラフ――神奈川県・派遣者・五十二歳・男性

一九九五年一月十七日。阪神淡路《はんしんあわじ》大震災が起きたまさに当日、僕は憧れのカナダに向けて成田《なりた》を飛び立った。

当時、ワーキングホリデーという観光しながら就労できるビザが大人気だった。就職に失敗した僕は、したかったことをすべてやりきるつもりで大学卒業後のビザの取得を思いつき、実行に移した。取得したビザの有効期限は一年。思う存分勉強して、遊んでやろうと思った。

到着後、ホステルに荷物を置いて、すぐにアルバイトを探しはじめたものの、英語のできない日本人など門前払いされるのが落ちだった。このままではらちが明かないと悟った僕は、数カ月間の語学研修を受けることに決めた。

入ったクラスはなぜか中級だ。日本人、韓国人、メキシコ人、ブルガリア人がクラスメートだった。

僕はその中のひとりの日本人に目を奪われた。彼女の名は琴美《ことみ》と言った。古風な名前に似合わずハーフを思わせる面立ちをしている。

現実逃避のようにこの地を訪れた僕と違い、彼女の目は輝いて見えた。白磁のようにきめの細かい肌、少しとがった鷲鼻《わしばな》はいじわるそうだけど、笑うと思いきり垂れる目尻がその印象を和らげる。

美人なのに、休み時間になるとほかの友達を笑わせている。彼女はクラスのムードメーカーだった。

さすが大阪出身だけあると思った。早くも日本人クラスメートからは「おかん」というあだ名を授けられていた。

だが、奥手の僕は彼女に話しかけることもできず、遠くから見ているだけで、胸がいっぱいになってしまう。二十五歳になろうというのに女性経験がなかったからだ。

クラスにも慣れたころ、テレビニュースで東京の地下鉄で毒物がまかれたというテロ事件を盛んに報道していた。霞ケ関《かすみがせき》に通勤している家族に国際電話をかけて無事を確認した。

その一連のニュースすら英語の教材にして、僕は勉強に没頭した。そうでもしていないと琴美が心をかき乱してくるからだ。僕は完全に琴美に恋していた。

ペアでロールプレイの発表を行うクラスのときだった。僕と琴美がペアになった。即興で役を演じるのだが、思いのほか息がぴたりと合った。僕たちの番が終わってから、彼女が耳打ちした。

「聞いたで。ヒロって、同い年やんか」

「えっ、琴美も昭和四十四年生まれなの？」

「そや。親近感わくわぁ」

生徒はみな二十歳前後だ。僕らのように大学卒業後にやってくる人間はまれなのだ。以来、僕らは急速に仲がよくなった。学校や図書館、コーヒーショップでよく話した。彼女と言葉を交わすだけで舞いあがってしまうほどだった。

彼女からはいつもいい匂いがしていた。その芳香が鼻孔をくすぐると、僕の股間はいきり立った。

使い道もないくせに……。

琴美といるだけで、胸が苦しくなった。

クラスに通い、猛勉強に励んだおかげで少しは自分の英語力に自信ができた僕は、地元のピザレストランの面接をクリアし、仕事を得ることができた。クラスメートがお祝いしてくれることになった。

メキシコ人のアルトゥロが借りているダウンタウンのアパートにクラスメートが集まり、どんちゃん騒ぎになった。もちろん、琴美も来ていた。調子に乗ってビールの缶を何本も空けた僕は、完全に酔っぱらってしまった。

「ヒロ、俺のベッドで寝てていいぞ」

アルトゥロが言った。

「ありがとう。少し休ませてもらうよ」

主役だったはずの僕は、隣室のベッドに横たわった。扉を閉めると真っ暗で、隣室の騒ぎも気にならない。

アルコールでぼんやりした頭に、この数カ月の記憶が次々と思い返された。刺激的で毎日が楽しかった。だが、ひとつだけ足りないピースがあった。

琴美だ。

彼女のことを見つめているだけの自分がいやだった。自分の殻を破って、琴美に自分の思いを伝えたかった。

そのとき、扉が開いて誰かが入ってくる気配がした。真っ暗な部屋で姿が見えない。すぐに聞きなれた声がした。

「わたしも酔ってもうた」

琴美だった。

「ヒロ、隣に寝てもええ？」

そう言って、彼女はベッドの隣に入ってきた。ほのかにシャンプーの匂いがした。彼女の二の腕が僕の腕に当たったままだ。そのことを意識したとたんに、僕は息苦しくなった。

琴美の息が規則的に聞こえた。眠っているのか、それとも目を閉じているだけなのか。心臓がドクドクと早く打ちつけ、喉がカラカラになる。

この機を逃したら、次にいつこんな幸運が訪れるかわからない。僕は自分史上最高の勇気を出して、口にした。

「琴美のことが気になって仕方がないんだ。彼女になってくれないか？」

「……わたし、大阪に彼氏おるよ」

こんなすてきな女性に恋人がいないわけがなかった。だが、僕は諦めなかった。

「カナダにいるときだけでいい。琴美と彼氏の関係を壊すつもりもない。だから、今だけいっしょにいてほしい」

「………」

彼女は黙ったままだ。

「キスしてもいい？」

「恥ずかしいやん」

彼女は背中を向けてしまい、それきりなにも言わなかった。

どうとでもなれ、と僕は心の中でつぶやいた。

あと戻りできない状況のなか、僕は目を閉じて無理やり眠ろうとした。すると、唇にやわらかいものが触れた。

チュッ。

「うれしい……わたしもヒロのこと気になってたんやで」

ささやきが聞こえた。

生まれてはじめてのキスは、僕の心を激しく揺さぶった。あまりの感動に、僕の気は遠くなった。その夜、僕たちは手を握りあって眠った。

だが、それからが地獄だった。

もんもんとする日々がつづいたのだ。琴美も僕もそれぞれ別でホームステイしていたからだ。

聞けばモーテルも市内にあるが、その地区は治安が悪いということだった。行き場のない劣情に、僕は苦しめられた。

休日は海ぞいの公園を散歩した。海と森と山が調和した風光明媚《ふうこうめいび》なバンクーバーの町並みを一望できる、美しい場所だ。歴史ある石造りの橋梁《きようりよう》の下で、僕は琴美に打ち明けた。

「俺さ、まだ女の子と経験したことないんだ」

「うそやん。ヒロ、モテそうやけど」

琴美は半ば、びっくりした表情だ。

「うそじゃないよっ。女の子のアソコだって見たことないもんね」

「……そやねんな」

彼女は僕の告白にやさしく耳を傾けていた。

僕は覚悟を決めて言った。

「琴美のアソコ、見てみたい」

「急に恥ずかしいこと言わんといて」

経験が僕よりもあるように見える彼女なのに、頬を真っ赤に染めてうつむいた。彼女も女の子なのだった。

僕は名案を思いついていた。

「いっしょに旅しよう」

琴美の目が輝いた。

「どこへ？」

「バンクーバー島はどう。週末に一泊二日で」

とんとん拍子に話が進んで八月末になった。島に到着後、レンタカーを借りた。島の先端まで北上していくロングドライブだ。彼女は日本から送ってもらったというカセットテープをカーステレオで流した。

「日本ではやってるんやって」

ミスター・チルドレンの「イノセントワールド」というその曲を僕たちはふたりで歌った。カセットが終わると、僕たちの共通のアイドル、松田聖子《まつだせいこ》の曲を歌った。

窓を全開にして森の中を走ると、カナダの風が吹き抜けた。開放的な時間を過ごすうちに、自然とふたりの緊張もほころんでくる。

夜になり、モーテルに車を止めた。異性とひとつ屋根の下で一夜を過ごすことなどはじめてだ。どう振る舞えばよいのかさえわからない。

琴美が先にシャワーを浴び、それから僕も浴びた。バスルームを出ると、部屋はすでに暗くなっていた。

「琴美?」

ベッドのかけ布団が盛りあがっていた。

額を冷たい汗が流れた。なにしろ女を抱くのは、はじめてなのだ。

期待と緊張に喉がカラカラになる。鼓膜の奥ではドクドクと心音が強くなった。

「こっちに来て」

言われるままに琴美の隣に潜りこんだ。琴美は下着を身につけていなかった。素肌のぬくもりが僕を包んだ。なぜだか、やさしい気持ちになった。

鼻息も荒く、彼女の胸のふくらみに手を伸ばす。押せば同じ力ではね返してくるやわらかなマシュマロに、僕はすっかりとりこになった。

まさか自分にこんな機会が訪れるとは夢にも思っていなかった。一生童貞のままかもしれないと幾度心配したことだろう。臆病な自分を克服できた気がした。

さらに僕は乳房に顔をよせたが、そこにあるべきものが見つからなかった。

「わたしの乳首、陥没しとる……コンプレックスなんや。触れられるうちに出てきよる。やさしく触ってな」

乳暈《にゅううん》を円を描くように指でなぞった。次第に琴美の息が乱れだす。汗ばんだ肌は触れると吸いつくようだ。次第に下乳に手を移動させる。すくいあげるように感触を確かめると、その量感に僕の興奮は極限に達した。

乳首は先ほどまでと違い、ちゃんととがっていた。

「ほら、出てきた」

「ヒロのおかげや」

「きれいな乳首だね」

僕はそのとがりを口に含み、舌でこねくりまわした。

「そんなされたら、イッてまうやん……」

潤いを帯びた琴美の声が耳に届く。はじめて味わう女の乳首を舐《な》め、舌で転がし、甘がみすることにわれを失い、夢中になった。

琴美は僕にしがみついて、必死に声を押し殺している。もう片方の乳首もひとしきり堪能《たんのう》すると、

「今度はわたしの番やで」

と、琴美は僕にうつぶせになるように指示した。

ほどなく、ツ、ツーと心地よい感触が背中にあった。琴美が背中を舐めていた。舌が背すじをはうたびに、快感電流が脳天目がけて一気に駆け抜けていく。

「あっ……ううっ」

彼女の舌遣いは巧みだった。そんなテクニックを誰に教わったの、と僕の心はさざが波立つ。

大いに嫉妬したけれど、それも僕を思って愛撫《あいぶ》してくれていることだと納得させた。ほんのり香る彼女の汗に鼻孔をくすぐられ、僕の劣情は爆発寸前だった。ペニスはかつてないほどにパンパンに怒張していた。

もう我慢できなかった。

「早く挿《い》れたいよ」

「もうっ……ヒロったら」

彼女は一瞬頬をふくらませたが、すぐに下にあおむけなってくれた。一転、大人の女の表情から少女のそれに変わった。あどけなさを見せるその姿に僕はますます情欲をたぎらせた。

神経は張りつめ、喉がヒリヒリと張りつき、手のひらからは汗が染み出した。じっとり湿った手で彼女の足を開いた。

だが、真っ暗な部屋では彼女の秘部は見えない。あたりをつけて屹立《きつりつ》を押しつけてみるが、阻まれてしまう。どこに挿れてよいのかわからず、途方にくれてしまう。

「ここやよ」

彼女の手にいざなわれて、切っ先をぬかるみにあてがい、僕は腰を落とした。抵抗もなく、ヌルッと入っていった。

「んふっ……」

最初に思ったのは、中は温かいということだった。

「すごい……あったかい……」

女性器の中が、こんなにもやさしく温かいということをはじめて知った。琴美が神々しく見えた。

だが、どうしていいかわからず、そのまま動けずにいたら、膣壁が妖しくうごめきだした。

えっ、これはなに……。

ギュギュッと締めつけたり緩んだりする膣壁を前にして、僕の頭が真っ白になった。

「あうっ」

ピュッ……。

ピストンする間もなく、僕は簡単に果ててしまった。あっという間の出来事だった。

「……ごめん」

「ううん、わたしで感じてくれたんやろ」

「うん」

「わたしがヒロのはじめてなんやな」

「そうだよ」

「うれしい……忘れんといてな」

その物言いは、どこか恋の終焉《しゆうえん》を連想させた。

「忘れるわけないじゃんか」

僕は彼女の体に手をまわし、離さなかった。

はじめてセックスできた喜びより、彼女の包みこむようなぬくもりに、まぶたの裏が暑くなった。

それから回復した僕は、ふたたび彼女を抱いた。

「今度はバックでしてみたい」

頼みを受け入れてくれた琴美は、ベッドに四つんばいになる。挿入にあたふたしていると、やっぱり彼女が膣口までいざなってくれた。

最初とは違い、彼女の中はとろとろに潤っていた。

「ううぅ……琴美とひとつになりたいよ」

「ああっ、ヒロ、わたしもや」

彼女の腰をつかんで一心不乱に肉胴を打ちつけた。

パンッパンッと肉と肉が打ち合う打擲《ちようちやく》音がふたりだけの密室に響いた。セックスとは五感で楽しむものなのだとそのときに理解した。からりとした大西洋西岸《たいせいようせいがん》の気候にあって、汗と体液が混ざりあい、じめじめした空気が部屋を満たしていく。僕の頭もクラクラしてくる。

ふたりで果てたあと、琴美は僕を見て訝《いぶか》しんだ。

「ヒロ、ほんま未経験やったの？　嘘《うそ》やろ？」

「嘘なんかつかないよ」

「そやけど……すごかったわぁ」

琴美にそう言われて、舞いあがってしまう。

そのあとで、彼女はひとりでバスルームに入っていった。少しして、バスルームから僕を呼ぶ声がする。

「ヒロ、来て……」

バスルームに入ると、シャワーの湯気とせっけんの香りが充満していた。

メークを落とし、髪を濡らした彼女は、ゾクゾクするほど美しかった。明かりの下ではじめて見る琴美の裸体だった。白い肌に散った黒子《ほくろ》が艶《なま》めかしい。ゴクリと唾を飲みこんだ。

「ねえ、ヒロ」

彼女は低いバスタブの淵《ふち》に腰をおろし、両足をゆっくり開いていった。

僕の視線は否《いや》が応でも彼女の脚のつけ根に釘《くぎ》づけになる。

「わたしのアソコ……見て」

「琴美……」

彼女の上目遣いに搦《から》めとられてしまう。

「ヒロ、見たいって言ってたやん」

彼女は頬を真っ赤に染めて、顔を反対に向けた。濡れて肌に張りついた陰毛の奥に、肉の畝がのぞいた。だが、僕の位置からではよくわからない。

「もっとよく見せて」

いつしか琴美は片足をバスタブの縁に乗せて体をのけ反らせていた。フリルのように波打った陰唇が間近に見えた。

「きれいだ。すっごく……」

出しっぱなしのシャワーの湯気がもくもくと立つ中で、白い体が人魚のように美しく、尊かった。

あらかたの荷物は片づけて、先に日本に船便で送っていた。フローリングの床に直接マットレスを置いただけの閑散とした部屋だ。

そのマットレスで琴美を抱いた。その日は最初からふたりとも口数が少なかった。話したいことは山ほどあるのに、言葉は喉でつまってしまう。僕のビザは終わっても、琴美の学生ビザは二年間だ。

この先、どう転ぶかわからなかったが、どちらにせよ簡単に会える距離ではない。僕は川崎《かわさき》、琴美は大阪。それに彼女には大阪で帰りを待つ恋人がいる。どうみても状況は苦しい。

僕は彼女のすべてを記憶に刻みつけるように彼女の肌をすみずみまで愛撫していった。

とりわけ彼女は腋《わき》の下が性感帯だというが、これまでの経験でわかっていた。彼女の腋を開いて、くぼみに舌をあてがう。

ヌチャヌチャとたっぷりの唾液をまぶして舐めまわすと、彼女はクスリと笑った。

「こそばゆい」

それから二の腕に舌を下ろしていく。絹を思わせる白い肌にぽつぽつと黒子が散っている。

その黒子のひとつひとつにキスしていった。

「琴美っ、琴美っ」

僕は潤った膣道をうがつたびに彼女の名前を呼んだ。僕をはじめて男にしてくれた彼女の名前を心に刻みつけるかのように。

翌日、僕はかたくなに見送りを断った。彼女に見送られたら、僕の心は決壊しそうだったからだ。だが、彼女は空港までついていくと言いはった。

空港ではふたりしてうつむいたまま、ただ手を握り合っていた。最終アナウンスが流れて、出発ゲートに向かった。

「帰ったらすぐに迎えに来る。そしたら、いっしょに東京に帰ろう」

「ヒロ……わたしな、大阪の女や。東京にはよう行かん」

そんな、という言葉を僕はのみこんだ。

「聖子ちゃんの『蒼《あお》いフォトグラフ』の歌詞、覚えとるやろ？」

彼女は旋律に乗せて、歌詞を口ずさんだ。最後は涙声で震えていた。

「この歌詞、ヒロとのことだと思うとる」

「琴美のこと、忘れない」

そう言うのがやっとだった。

今でもラジオから松田聖子の曲が流れると、僕の体を涼やかなカナダの風が吹き抜ける。

二十三歳の性愛

兵庫県・自営業・七十七歳・男性

実家を飛び出し、ひとり住まいをはじめたのは、二十三歳の夏であった。

物件は狭小で劣悪だったが、稼ぎの少ない若造には相応のものであり、自分の城が持てた喜びにひたった。町なかで女性をハントする勇気も知恵もなく、性に飢えていた。アパートには数組の夫婦や男女のひとり者が住んでいた。

私はアパートの中では若いほうで、新入りの珍しさからか、年上女性の島田《しまだ》さんにはなにかとお世話になる。私より十歳くらいは上の三十歳前半と思われた。

おでんを作ったから夜食にとか、日曜日には紅茶とトーストをごちそうになる。どうして親切にしてくれるのか、深く考えることもなく、ひたすら厚意に甘えていた。

私は、おばさん、ありがとう、おばさん、いつもすいません、と感謝の言葉を述べてはいたが、ある夜、島田のおばさんからきつく叱られることになる。

「佐伯《さえき》さん、ちょっと話があるの」

「なんですか、おばさん」

「そ、そのおばさんはやめてよ、そんなに年食ってないよ。あなたは若いから年上はぜんぶおばさんだろうけど、傷つくよ」

「すいません、おば……」

と言いかけて、これはとんでもない失態だと反省し、ひたすら謝った。

しかしそれ以来、島田さんと声をかけても、返事をしてくれず、目さえ合わせてくれなくなった。

島田さんは屋外で働いているようで、真っ黒に日焼けして、腕も太く黒光りしていた。そんな島田さんをひとりの女性として意識するに至ったのは、夏の終わりの蒸し暑い夜である。

寝返りをうち、汗びっしょりで深夜に目が覚めた。トイレに行き、島田さんの部屋の前で足が止まる。なんと部屋が半分開いて、ともった裸電球の下で寝ている島田さんが見えた。

見たのではなく、あくまでも見えたのだ。今まで女としての島田さんにはまったく関心はなかった。でも今夜の島田さんの乱れた肢体には、妖しい色香が充満していたのだ。

白いスリップの下半身がまくれあがり、隠れていた肌はすべすべの真っ白。島田さんの赤いパンティーがもろにはみ出ている。パンティーに小さい隆起があった。

それは中から押しあげたのか盛りあがり、島田さんが動くとパンティーのへこみまでが息をしているようだ。

太い二の腕が右も左も頭の上にある、ちょうどバンサイをしている格好なのだ。両腋《わき》の下には、まさにジャングルのごとき黒い毛に覆われている。

女性がワキ毛を処理する習慣は当時はなかったが、もろに目撃すると興奮し、制御不能の高ぶりを覚えた。

分厚い唇があえぐがごとく動いた。この唇に吸われたら……舐《な》められたら……気持ちがいいだろうと思うと、股間の肉棒が天井を向く。

抱きしめて男の肉棒で征服したい。一瞬であるが、邪念が横切った。

それから何度か島田さんの部屋を通るが、開いていなかった。たった一度ののぞきであったが、刺激を受けた。

島田さんを女として完全に意識しだした。そして妄想の世界では、恋人として抱きしめている。

おばさんと呼んでいたときは、ためらいなどこれっぽっちもなかった。今はどうだろう。

太い二の腕が肉欲の塊に見え、分厚く大きな唇は淫乱に欲望をそそる。自分の中に年上女性に憧れる癖があることを自覚している。

家賃が五百円値上げとなる通知が来た。ボロアパートであるが、交通の便がよく、借り主が殺到するからか、家主も強気なのだ。

島田さんに家賃の話題を持ち出して炊事場で声をかけた。すると、島田さんは声をひそめて私をにらんだ。

「佐伯さん、そんなことより、うちに隠していることあるやろ」

「べつにありませんよ」

「正直、白状しい」

「島田さん、ぼくは隠しごとなんて」

「ないと言うの？」

と、さらに声高に迫ってくる。

こんな島田さんは、はじめてである。高圧的でぐいぐい押してくる。私は少し不機嫌になってきた。好意をもっていた感情も失いかける。

「あははは、怒ったの？ ほなら言うわ、佐伯さん、うちの寝てるとこのぞいたやろ。体のすみずみを舐めまわすように見たな、どうや」

あっと思わず言葉を失う。見たのではなく、見えたのだ、でも、しっかりと見たのも事実。妄想をふくらませたのも事実だ。

むちむちの体を、目と脳で犯した秘密を指摘された。

「起きていたのですか？」

と言うよりほかなかった。島田さんが言うには、あの夜は暑いので部屋を半開きにしていた。人の気配がしたので、薄目で観察すると私だったという。

素直にごめんと謝ることにした。しかし、島田さんは衝撃的なことを私に告げた。

「あなたにのぞかれて、久しぶりにうちも女やと再確認したわ。ここも、ここも、ここも、熱うなり、うずいたで。どうしてくれる？」

顔を私の前に出し、はあ、と吐息を漏らした。

「くさい」

顔をしかめた。

「ニンニクかじっているんや。体が資本やから、精力つけなあかん。もっとくさい息かけたろか、どうや」

くさいニンニクの息をはきけてきた。ほんまに変な女の人だ。島田さんは私の妄想も魂胆も先刻お見通しで、さらに挑発してくる。

今度は私が告白する番である。島田さんの色香にひかれ、興奮して肉棒が勃起し、

「毎晩、島田さんのことを思い浮かべてオナニーしてました。なんとかふたりきりのチャンスをになりたいと望んでいました」

正直に話した。

「うれしいわ。うち、魅力あるんかな。ほなら今晩、部屋に来てくれる、きっとよ」

わくわくする興奮が訪れる。

銭湯にも行き、夜遅く島田さんの部屋に入る。

狭い部屋だから、ふたりが座っていっぱいである。コミュニケーションはすんでい

るので、勝負は早い。

男がリードすべきであるが、経験は浅く、自信はない。それを見越してか、島田さんは分厚い唇で私に迫ってくる。

ニンニクをたっぷり食べているのでくさいが、拒否できない。私は苦手なニンニクまみれの息を吸い、舌を挿しこんだ。

島田さんの舌は私の舌をすくいあげ、やわらかな綿にくるまれているような感触で何度も回転させせられた。

くさい息も忘れさせせられている。キスがこれほど甘美なものとは、お姉様の技巧恐るべしである。

恍惚《こうこつ》の表情を私が見せたときから性愛の主導権は、島田さんががっちりと握った。

揉《も》みまくられている私の肉棒は、先っぽから間断なく甘美な汁が流れている。

流れ落ちた汁を手のひらで拭い、先端部のへこみに小指の先がはう。快感が怒濤《どとう》のごとくよせてきた。

「気持ちええか、大きくなってるで」

島田さんは、男ことばで私を責める。女性にしては太い指。その指が今度は肛門に入れられ、かきまわすのだ。これは痛い。苦痛そのものだ。でも、島田さんは攻撃を決して緩めない。あかんたれの私をおもちゃ扱いにする。

このままでは男の立場はない。私は負けじとばかり、島田さんのお尻に手をはわせ、振動をつけて中に進んだ。

ガクンと腰が折れ、島田さんの体の力が急に抜けていく。

彼女の弱点はここなのか。

「こうしてほしいの?」

と、耳許《みみもと》でささやき、アヌスにそろりと中指を挿しこみ、強く入れ挿しをする。

引く、つっこむ、まるく円をかく、島田さんの穴で私は、芸術とはと自問自答しながら夢中で絵を描く。

二十三年間、女に恵まれなかった青春のうっぷんを晴らすように、島田さんのアヌスを責めたてた。

「ギャア、やめて、あん、あうん」

泣いている?

いや、リズムをつけて鳴いているのだ。むっちりとした腰の肉がプルプルと痙攣《けいれん》していた。

さらに指の数をだんだんと増やし、攻撃の手をゆるめず、アヌスを責めた。五本の指が、島田さんをいじめる。彼女の嬌声《きょうせい》はさらに大きく強くなる。

大声が漏れたら、狭いアパートなので恥ずかしい。半泣きのよがり声が漏れないよう、熱いキスで防ぐ。

島田さんの体をとろとろにしなければならない。男の意地がある。

「佐伯さん、入れて」

あえいでいた。

「なにを入れるの？」

「いじわる、わかってるくせに」

「言わないと入れないよ」

私は自分の言葉に酔い、島田さんもいじめられて喜ぶ性癖のようだ。

「ち×ぽ」

「そんなちっちゃい声、聞こえないよ」

「いやん、ち×ぽ、ち×ぽ」

これか。

十分にふくれあがり、伸びきったわが肉棒を島田さんの顔に突き出した。

日夜密《ひそ》かに自己鍛錬している肉棒は黒く光り、硬度もある。銭湯でも水風呂に入り、ひたすら鍛えてきた。

二十三歳の若さが武器である。

「早く、入れて」

すでに島田さんは全裸になっていた。黒いワキ毛はセクシーで、淫乱な様相だ。

昔はワキ毛を剃《そ》る習慣はなく、市電のつり革を持つご婦人の腋から真っ黒い物が出ていた。ごく普通の光景である。ワキ毛フェチの私には、いちばんのごちそうなのだ。

下の毛以上にセクシーでいやらしい。丹念にワキ毛の一本一本を吸う。微妙な感触と恥ずかしさからか、島田さんは体を何度もエビのようにのけぞらした。

女陰はすでにとろりとした汁を出し、肉棒の訪問を待っている。割れ目にそっての陰毛も太く長くて、ときどき大きく呼吸し、肉棒の来るのを待っていた。

すぐに入れるのはもったいない、と思う。島田さんも肉棒をせかしてはいるものの、もっと楽しみたいはずだ。

秘所の割れ目をかきわけ、両手で穴を確認する。穴は洪水のごとく淫靡《いんび》な水が湧き出していた。唇を女陰にあてがい、そっと吸ってみた。

島田さんの体が揺れた。気持ちがいいのだろう。そして、舌の先をドリルのようにとがらして中に入れた。こねてこねて、淫靡な水をかきあげて吸う。

小ぶりの胸も感度の高まりが頂点に達していた。乳首を吸い、バストを揉む。こりこりに硬くなっていく乳首をかむと、フウとため息が漏れる。

おばさんと失礼な言葉を発した罪滅ぼしでもあり。私の男としての挑戦でもあった。

「欲しいか、これ」

わざと大きな声で言う。

「ち×ぽでなにをしてほしいのか言ってよ」

焦らしてみる。島田さんに反応はない。

聞こえているはずなのに、聞こえないふりをするなんて……。

「言わないとしてやらない」

言葉のせっかんだ。

「おま×こ、おま×こ」

島田さんは、恥ずかしいあの言葉を連発した。

その言葉に反応するかのようにそそり立つ肉棒は、島田さんの黒い密林を越えて、湖にドドンと入る。湖は長く受け入れがなかったのか、狭い。

肉棒をズドンと突く。硬いから、ショックが強い。そして、強弱をつけて湖の中をハンターのように果敢に進む。

「ああん、気持ちいい。すてき、そこそこ、ううん……」

快楽をむさぼるように、島田さんはうめいた。

私は成熟した女体を征服しつつある喜びと、男としての自信に満足感を持った。

抜き挿しをくり返し、激しく動くたびに、女の体は痙攣をして締めつけた。そのたびに、これまでに味わったことがない快感に襲われた。

ただ、すごい気持ちよさに感激をしていた。

分厚い唇はキスを甘美にし、トグロを巻いたようなワキ毛の存在は情念の女の証《あかし》なのだろうか。だぶつく腰の肉も接合したときには、とろける肉布団になる。

キスをくり返し、腰の肉を抱きかかえ、島田さんの奥の奥まで、秘所の襞《ひだ》で快楽を得る。島田さんの悲鳴に似た泣き声。なにかを叫び、私も小さな雄たけびでそれに応えた。

快楽の演奏が果てた瞬間である。全裸でぴくりとも動かない島田さん。激しい一夜を過ごし、気がつけば朝方になっていた。

島田さんは満足し、幸せと言った。

「いえ、私のほうがうれしいですよ。島田さん、好きです」

素直な気持ちを伝えた。

「うち、美人ではないし、スタイル悪いし、年が離れているし、いいとこないよ」

彼女はさかんに謙遜《けんそん》するが、そんなことはない。

「あなたのおま×こ、最高ですよ。好きです」

照れながら、小声で言う。ずいぶん破廉恥なと思うが、性愛において羞恥心は不要である。

肉体関係ができると、とうぜんふたりは恋人どうしとなった。

「互いに干渉しないで、自由な関係にしよう」

と言い出したのは、島田さんからだった。若い私への配慮であるが、その真意は当時の私には気づけなかった。

給料が入ると、恋人気分で繁華街にくり出す。島田さんは、食事はなんでもいい、普通の定食で満足と言ってくれたが、レストランのランチ、高級喫茶店でデートを楽しんだ。

関係ができて二カ月しかたっていないが、島田さんがどんどんあか抜けして、きれいになってきた。体の線も判別できるようになり、口臭のきついニンニクも遠慮し、食べなくなった。

キスをすれば、成熟した女の甘さを感じた。たぶん、島田さんのもともとの地が出てきたものと思う。

さすがにアパートでハードな行為は慎んでいるが、旅館での逢瀬《おうせ》で発散させた。

その年の暮れ近くになり、ふたりの関係も良好なままつづいていた。島田さんの年齢が三十五歳であることを知った。私よりちょうどひとまわり上。関係以前は年上のおばさんと思っていたが、今は年相応の容貌に見える。

私が少し背伸びすれば、傍目《はため》にも違和感はない。

いつまでも島田さんでは他人行儀だ。

「京子《きようこ》と呼んで」

とリクエストされる。呼び捨ては照れるので、京子さんと呼ぶことにした。ふたりの相性はとても良好なのだ。

抱き合えば、体の芯が溶けるほどの快感快楽が得られる。これは京子さんも同じ意見だ。

屈折した性の処理だけの自慰も必要なくなった。発射したあとのむなしさと後悔、とんでもない自己嫌悪からも解放された。

「うちでよかったら、いつでも抱いて。忘れていたもんを、あんたが思いださせたんよ」

関係が濃密になり、呼びかたも佐伯さんから「あんた」に変わった。

ボーナスが予想以上に多かったので、京子さんと豪勢な一夜を計画した。京子さんには経済的な負担はかけられない。ふだんの生活ぶりを見ればよくわかる。

私生活については、京子さんがいつもはぐらかすので、追及すれば関係が破綻するようで、私は恐れた。

雑誌に掲載されていたビル地下のステーキ店に行く。私は洋食のナイフやスプーンの使いかたの知識はない。京子さんが先生である。

マナーのお手本のように、器用にナイフを使い、上手にスープを飲む。ほかにも京子さんから教わることが多い。

二十三歳はまだまだ青二才である。

小粋なホテル、土曜の夜に久しぶりの快楽を求め会う。京子さんのパンティーに目を見はる。

黒いスケスケの生地、うしろはひもだけの小さな物。実話雑誌の通信販売でしか見ていないセクシーなパンティー。腰まわりの贅肉《ぜいにく》もそがれている。

京子さんの特徴である分厚い唇に舌を挿しこみ、ねっとりとした口づけをかわす。彼女の舌を上にやり、歯茎のすみずみまで舐める、かむ、吸うのだ。

すでにあえぎが漏れる。背中にも舌をはわせ、吐息を吹きかけると、せつない声をあげ、肩から下がブルンと震える。

感じてくれている。幸せの瞬間だ。

時間をかけて丁寧に愛撫《あいぶ》する。ワキ毛は以前より増している。絶対剃らないで、と頼んでいた。

魅力的だよ、京子さん。

心の中ではつぶやいている。

肉棒をつかむと、京子さんはしゃぶる。膨張しつくした肉棒に力を入れると、

「あぐっ」

と、喉の奥でむせている。一生懸命にしゃぶり、つくしてくれる。

快感が全身を走る。分厚い唇が片時も離さない。首を上下にさせながら分身を快楽の境地に誘う。

今度はぼくの番だよ、と京子さんに告げる。

京子さんの女陰は、たっぷりと濡れていた。

ドクドクとおつゆが滴り落ちているのも知っている。黒い毛の奥の汁をすくいあげ、飲む。甘い香り、京子さんの香りだ。

吸うたびに京子さんは切ない声をあげ、舌を挿しこむたびにうめく。

「ううう……」

そして、割れ目のさらに下にあるアヌスを指さし、

「ここも」

と催促する。

京子さんの大好きなアヌスを吸って吸って吸いまくった。アヌスは、おま×こと同

じ香りがした。京子さんはベッドの上で転がり、逃げるように暴れた。

私は彼女を立たせ、ベッドに両手で体を支えるように指示した。中腰の状態。そこへ強固に変貌した肉棒をつき入れる。

「あっ、そんな」

「こうしてほしいのだろう。うしろでも、食べたいのだろう。淫乱女め、こうしてくれる」

ありったけの卑猥《ひわい》な言葉で京子さんを責めた。

「いや、だめぇ、うぐぐぅ」

彼女は狂乱の乱れで叫びつづけた。

ホテルである。なにをしても許される。肉棒と京子さんのアヌスとの闘いは、長い時間をかけ、もだえ叫びが媚薬《びやく》となっていた。

私は、あまりの快感で制御できないところにあった。

誤算である。よく名器という言葉が使われるが、京子さんのうしろのおま×こは、名器そのものである。

「すごいね、京子さん。好きだよ」

「いやん、言わないで」

これ以上の会話は無用である。

一度は果てても、好きな相手。若いころは回復が早い。

巧みな京子さんの舌で口で愛撫され、ぬるぬるの体に埋没する。京子さんと永く暮らすには結婚しか選択肢はなかった。

離したくない。いっしょに暮らしたい。

でも、同棲《どうせい》という責任逃れの手を使いたくない、ちっぽけな正義感がのちのち後悔することになった。

「結婚したい」

「うれしいわ。でも、一時の感情では続かないのよ、その気持ちだけで十分だから」

京子さんは、今のままでいいと主張する。

こんな会話のくり返しになる。半年前には、おばさんと呼び、島田さんになり、京子さん、ときに京子と呼んでいる。

名前の呼びかたひとつでも確実に順序を踏み、愛を育んでいる自負がある。

京子さんの体は淫乱に磨きがかかり、化粧もし、美しく妖艶な女に変貌していった。

「結婚の話を実家に相談するよ」

「一年ほど待って、お願いだから」

話を正式に進めてくれるなと言う。哀願を強くして、結婚話を延期させようとする京子さんの真意を理解できない。

日曜日に、両親に結婚の相談に行くと京子さんに通告した。電車で二時間のところに実家がある。

ところがその日、実家からアパートに帰宅すると、京子さんの姿はなかった。管理人に聞くと、とつぜん引っ越したと言う。

京子さんの勤務先も周囲からわかってきた。しかし、訪ねていかなかった。きっと大人の事情があると思った。京子さんを苦しめたくない、悩ませたくない、の思いからだ。しばらくして、私は島田京子の実像を知ることになる。

娘がおり、母親が面倒を見ていた。働いて、そこに仕送りをしていた。旦那とは別居中だが、娘が父親を慕っているので、離婚はしないだろう。せきを切ったように事実が判明する。どれも聞きたくない。知りたくなかった。

私は耳を塞ぎかった。これが現実か。

あかんたれの二十三歳の恋は、ある日とつぜん消えた。好きだけで結ばれるものではないが、受けた喪失感は深く、立ちなおるまで七年もかかってしまった。

甘美な蜜の味。多感な青春の追憶は色あせることはない。

二〇二一年に使い物にならなくなったわが愚息も、あの京子さんの、女陰のとろりとした、ぬるぬるの感触を忘れはしないだろう。

噂のHな先輩社員——長野県・会社員・三十七歳・女性

（わあ、きれい）

会社の正面玄関ホールの暗闇にたたずむ巨大なクリスマスツリーを見あげて、私は息をのんだ。十二月に入って設置されたそのツリーは、夜間にライトアップされることが社内に通知されていた。

しかしながら、社員がそれを間近で目にすることは少ない。なぜなら、夜間に仕事を終えた社員は正面玄関からではなく、ビル裏側の通用口から退勤するからである。

つまり、クリスマスツリーは社員ではなく、会社わきの歩道を通る人に向けたサービスなのであった。だから私も、ライトアップ自体をほとんど意識していなかった。

しかし昨日、二歳年上の隣の席の先輩社員が言った。

「せっかくだから、明日にでも見に行ったら。感動するわよ」

美人で仕事をやさしく教えてくれる、憧れの先輩だ。

「でも、クリスマスツリーをひとりで見に行くって寂しくないですか」

社会人二年目の当時、私は彼氏がいなかった。

「あら、会社内だから堂々と見に行けるわよ。それに新しい彼氏が見つかるかもよ」

先輩が微笑《ほほえ》んだ。そんなに彼女が勧めるのなら、行ってみようか。

軽い気持ちで、私は残業のない水曜の午後六時をすぎてから、その場所を訪れた。

先輩の助言は正しかった。間近で見あげるクリスマスツリーは、全身にまとった電飾を赤や緑に光らせて、とてもとても美しかった。

携帯電話を取りだして、カメラを向ける。

（うん、いい感じ）

「これ、きれいだよね」

ふいに背後から声がして、私は振り向いた。そこに立っていたのは、隣のチームに所属する二歳年上の先輩、広川《ひろかわ》さんだ。

素朴でまじめな人柄だが、内勤仕事のわりに体格が際だってよく、フロアで目立っている。学生時代はアメフト部に所属していたらしい。

「広川さんも、ツリーを見に来たんですか?」

腕時計に目をやると、午後六時半である。この時間に退勤するには、ビル裏側の通用口を使うしかない。

私と同様、ツリーを目当てに玄関ホールへ来たのだろうか。

「ううん。急に腹が痛くなって、トイレに駆けこんでた」

広川さんは照れくさそうに、短く刈りあげた頭を手でかいた。

「ええっ。それは、大変でしたね」

玄関ホールにあるトイレは来客用のため人もおらず、清潔だった。納得できる理由である。

「理花《りか》ちゃん、今日の晩ご飯は決まってるの?」

「いいえ。あるもので適当に済ませようかなと」

ひとり暮らしの気楽さで、今日はコンビニの総菜と、家にある冷凍うどんで済ませるつもりだった。

「近くのイタメシ屋でさ、今日まで使える割引券があるんだ。いっしょにどう?」

私に断る理由はなかった。

そうこうして、気がつけばデートを重ねるようになっていた。

広川さんにはエッチな噂《うわさ》があった。彼の愛車は、有名メーカーの十人乗り白いワゴン車である。ひとり暮らしの二十代会社員にしては珍しい。さらにその真っ白なワゴンの写真を、会社のデスクに飾っていた。

それで私の同期からは、

「広川さんは超いい人だけど、きっと裏がある。あのワゴンで、AVみたいなプレイをしているのではないか」

などと言われていた。

聞くところによると、広川さんのワゴンはAV撮影でよく使われる車種らしい。窓をマジックミラーにして、その中で撮影が行われるのだそうだ。

思い返せばひどい噂話であるが、若かった私たちは、そういう偏見に満ちた冗談をよく口にしていた。広川さんとつき合いはじめたことを知った同期からは、

「AVみたいなことされたら教えて」

と、のんきな励ましを受けた。

ちなみにクリスマスツリーの下での出会いは偶然ではなく、広川さんと同期である隣の席の美人の先輩がセッティングしてくれたようだ。

先輩は広川さんと懇意で、性格の合いそうな私との仲を取り持つべく、あの日クリスマスツリーを見に行くよう勧めたのだという。

私はといえば、当時、学生時代から交際をつづけていた恋人と疎遠になっていた。仕事に忙殺されて徐々に話が合わなくなり、連絡を取らなくなるという、新社会人にありがちなパターンである。

それは広川さんも同じで、大学でアメフト部のマネジャーをしていた恋人とは、残念ながら別れてしまったとのことだった。

同じ職場で見つけた新しい恋に、私はあっという間にのめりこんだ。広川さんと私は、体の相性がバッチリだったのだ。彼とのセックスは刺激的だった。

身長は平均よりやや低めな広川さんだが、スポーツマンだけあって肩幅が広く、筋肉のしっかりついた体つきをしている。

なにせ、パソコンからはみ出す両腕が社内の若手女子の間で、

「ムキムキでかっこいい」

と、話題に上るくらいだ。

そのたくましい腕に抱きしめられると、私の心はキュンとなって、体の芯がうずくのだった。

私は最初のセックスから、感じまくってあえぎまくった。われを忘れて彼を求めた。

しかし広川さんは、

「あんまりイキすぎると疲れるから」

と、二回目からはじらしプレイが多くなった。ギリギリまで胸や秘所を愛撫《あいぶ》されるのに、肝腎《かんじん》な快楽は与えてくれない。

もどかしくてその先をねだっても、極限まで我慢をさせられる。一度のセックスで何度も射精する私の元カレとは異なり、広川さんは一度の射精をじっくり楽しむタイプのようだった。

汗だくになり、感じ入ってから、ようやく広川さんは私の体の中に入ってきてくれる。

その攻防がまた、たまらないのだった。

広川さんはデートのとき、愛車の大型ワゴン車で私の部屋まで迎えに来てくれた。

彼は週末によく、東京郊外や近県の山や海、自然豊かな観光地を日帰りでめぐって、動植物を観察しているらしい。

そんな話にうなずきつつも、その日のデート場所だった水族館へ行った帰り、私は前々から聞きたかったことを広川さんに聞いた。

「そういえば、広川さんって、どうしてこのワゴン車を選んだのですか。車好きならスポーツカーとか、いろいろ候補はあったでしょう？」

「この車はカスタマイズ性が高くて、自動車愛好家からは人気があるんだ。基本がシンプルなだけに、通好みで奥深いんだよ。でも、気になる？　ＡＶの撮影によく使われる車だって、会社のみんな噂しているから？」

広川さんは、いつもの朗らかな笑顔で言った。

バレている。会社の後輩たちから、

「広川さん、超いい人なのになぜか愛車はＡＶ撮影の車」

と言われていることを。先日行われた同期社員との飲み会でも、私が広川さんとの交際を打ち明けたら、

「ワゴンでエッチなことをされないように気をつけなよ」

なんて、からかわれたのだった。

「やっ、そ、そんなこと、ないですよっ」

ぶんぶんと首を振って否定するものの、説得力がない。

「理花ちゃんたちの代でそう噂されていること、僕も知っているよ。っていうか、理花ちゃん、だから僕とデートしているんじゃないの。変態願望があって、アブノーマルなエッチがしたいから」

広川さんは私の手首をつかんで、じっと私を見つめた。

「えっ。そ、そんな……誤解です。私は変態じゃありません」

ふたたび頭を大きく横に振り、否定する。

「でも、興味あるんでしょ。ちょっとアブノーマルなプレイルームに行ってみない」

そんなわけで、水族館デートの帰りに立ちよったのはラブホテルだった。そういった趣向を持つ方々の間では有名で、なんと広川さんは今日のために予約していたらしい。

先ほどの会話がなかったとしても、ここに来るのは既定路線だったわけだ。

広川さんが選んでくれたのは、SMプレイができる部屋であった。内装は目に鮮やかな赤と黒、間接照明が照らす先には、特殊なプレイをするための装置が備わっていた。

「エッチな雰囲気ですね」

真っ赤な壁紙に、大の字に固定するための革バンドが取りつけられている。

「でしょ？　はじめて来たけど、想像以上にエロい。理花ちゃんが好きそうだと思って」

「えっ。それじゃあ、まるで私が変態みたいじゃないですか」

「違うの？」

「そ、それは」

「理花ちゃん、大丈夫だから、チャレンジしてみようよ」

広川さんは私の両手を壁に拘束する。カットソーの裾をまくりあげると、ペールピンクのブラジャーが現れる。

広川さんの好む清楚《せいそ》なデザインのものだ。ホックをはずすと、広川さんは私の胸をやわやわと揉《も》みしだく。

「ひぁっ、ああんっ」

「会社と同じ服なのに、こんなにエッチになっちゃって」

乳首をコリコリと摘みながら、今度はスカートをまくって裾をベルト部分に折りこみ、ストッキングを下ろす。

「今度、会社でこの服を着た理花ちゃんを見たら、エッチな妄想しちゃいそう」

広川さんは、私が平日と同じファッションをすることを好んだ。つまり、襟つきブラウスや淡い色のカットソーに、地味な色の膝丈スカート、肌色タイツに黒革のヒールパンプスなどなどである。

それまで休日といえば、華やかなワンピースや派手なヒール靴などを好んでいた私だが、

「会社で着ている服のほうが、清楚でエロい」

と褒められると、広川さんのその笑顔に負けた。

「やだっ、広川さんったら」

「理花ちゃん、せっかくのＳＭプレイ部屋だから、いいものを用意してきたんだ」

広川さんが取り出したのは、シルバーのクリップの先に鈴がついた、いわゆる大人のおもちゃだった。

「な、なにっ……あ、ああんっ」

広川さんは私のぷっくりふくらんだ乳首に、それを装着した。

「そんなに痛くないでしょ？　ほら、理花ちゃんがエッチになっちゃった」

広川さんはニヤリと笑った。

きゅっと摘まれた乳首が、ジンジンとしびれる。

「ああっ、感じちゃいますっ」

「痛い？　平気？」

耳もとでささやきながら、広川さんは私のわき腹をコチョコチョとくすぐった。

「きゃ、ひゃっ、ひゃああん」

あまりのくすぐったさに、私は体を揺らす。

両手首を拘束されているから、逃れられない。私が体を揺らすたびに、胸もとの鈴が、チリンチリンと澄みきった音をたてた。

「たまらないでしょ、ほら」

「ああんっ、広川さん、私、たまらないですっ」

広川さんは私の下肢へ手を伸ばし、スカートをまくりあげられた太ももをなでると、パンティーの中へ手を入れてきた。

「理花ちゃんの下のお口から、エッチな汁がいっぱいあふれてきてるよ」

広川さんはAVみたいなせりふを口にしながら私を責める。

「やっ、やだっ、広川さんっ、もう、早く……」

拘束された体を揺らしながら、私はせつない声をあげて広川さんを求めた。

ラブホテルデートは新しい定番になった。あるときはエッチな体勢に固定される椅子が置かれた部屋だったり、あるときは黒板と木の机が並ぶ教室のような部屋だったり。

またあるときは、取調室ふうの部屋でエッチな取り調べを受けたりと、そのときどきで刺激的なプレイが楽しめて、私たちは飽きなかった。

会社では、いつもと変わらず素朴でまじめで、大きな体をパソコンからはみ出させてまじめに仕事をしている広川さん。視界に入るたびに、彼の意外な一面を知っている自分が誇らしくなる。

広川さんもきっと、エッチなデートと同じ服装で会社にいる私を見て、なにかを感じてくれていただろう。

三月になった。広川さんの誕生日である。体育会系で体の大きい広川さんだけに、早生まれなのは意外であった。

そんな話をしたら案の定、広川さん自身も子供のころは小柄で苦労したらしい。負けまいと運動部に入ったところ、高校に入ってから急に成長したそうだ。

私はデートコースの情報をネットで検索し、少し高級なシティホテルを予約した。はじめて迎える恋人の誕生日だ。ここは私の腕の見せどころである。

夕食は、ホテルの中にあるしゃれたフレンチレストラン。美しい夜景を背景に、私たちはコース料理に舌鼓を打つ。

「理花ちゃん、僕、フォアグラなんてはじめて食べたよ。おいしいね」

「私もです。最高ですね」

広川さんも私も庶民派だから、料理が出てくるごとに感動して、ひと口ごとに味わって食べた。とても楽しい時間である。

デザート前に出された誕生日ケーキとともに、私は広川さんにプレゼントをわたした。革小物のギフトと、赤いバラや白いダリア、黄緑色のピンポン菊がふんだんに使われた、カラフルな花束である。

「ありがとう。花束をもらうのも、今夜がはじめてだ」

広川さんの満面の笑みを見ていると、私の顔も自然とほころぶ。

「やっぱり、広川さんと花束のギャップがいいなと思ったんです。かわいいイメージで作ってもらいました」

デザートまで平らげると、おなかもいっぱいで、私たちの恋人ムードはいや応なしに高まっていた。

食後はバラが香る花束を抱えて、予約した部屋へ直行する。予算の関係で高層階は諦めたが、そこは東京の夜景を一望できる最高の一室だった。

「すごい景色。ここだったら、いくら激しいエッチをしても声が漏れたりしないよ」

背後から抱きよせられ、耳もとに口づけされた。

それだけで、私の胸は高まってくる。

「もうっ、気が早いんだから。今日はたっぷり時間がありますから、まずはお風呂でゆっくりしましょう。あっ」

いさめるように広川さんから逃れて浴室を開けた私は、また驚いた。目の前にあったのは、ジャグジーつきの明るく広い浴室である。

「こんなすてきなお風呂だなんて……そうだ。あの、もし広川さんがよければ、お風呂にバラを浮かべませんか？」

海外の映画で見たバラの湯を思い出し、私はおずおずと提案した。先ほど自分が広川さんにプレゼントした花束で、それを再現してみたくなったのだ。

「いいね、それ。理花ちゃん、最高」

さっそく湯船にお湯をためた。ふたりで裸になり、湯に入ると、私は赤いバラの花びらを一枚ずつちぎり、湯船に浮かべた。

「理花ちゃん、いい匂い。僕たち、映画の中にいるみたい」

「ロマンチックでしょう？　一度やってみたかったんです」

私は広川さんがいとしくて、ぎゅうっと抱きしめた。下半身が当たる。彼の分身は、早くも大きく硬く変化していた。

「んっ、ああっ」

広川さんの大きな手で胸を揉みしだかれると、すぐに甘い声が漏れる。お返しだ、というつもりで、私は広川さんの肉茎を手でしごいた。湯の中で触れたそれは温かくてたくましくて、ピクピクと震えている。

「理花ちゃん、だめ。それ反則。……理花ちゃんも、こっちはどう？」

広川さんは、私の両脚の間に手を挿しこんだ。湯で揺れる茂みをかき分け、ふやけた花弁を指先でひろげると、その奥に鎮座する花芽をピンポイントで刺激する。

「あっ、っ、広川さんっ、それだめぇっ……やぁんっ」

ビクビクと体を震わせ、私は背をのけ反らせた。

「理花ちゃん、こんなに明るい場所であえいで……お風呂の中でもわかるよ。オマ×コがグズグズで、めっちゃエロい」

広川さんは私への愛撫をつづけながら、耳もとでささやいた。

「や、広川さんっ、あの、早く、くださいっ」

恥ずかしくて顔を真っ赤にして振り返ると、唇を塞がれた。広川さんの温かい舌が私の口腔《こうこう》を蹂躙《じゆうりん》する。

「っ、んんっ……ん、あっ」

深い口づけは、そのままつづいた。湯気で曇った浴室内に、私の唇から漏れるあえぎ声が響く。数分後、観念した広川さんは、さりげなく私から体を離して向き合った。

「お風呂じゃ理花ちゃんの声が響きすぎる。この先は、ベッドルームでしようよ」

「わかりました。二回戦目はベッドですね」

私は広川さんに連れられてお風呂から出た。ふたりとも全裸のまま、広川さんは私の体をバスタオルでやさしく拭く。

「広川さん、着がえたいので……五分だけ待ってください」

ここから私のサプライズタイムがはじまる。

広川さんは先にベッドルームへ行ってもらうよう誘導すると、ひとり洗面所に残された私は、カバンからジャケットとワンピースを取り出す。

仕事で着る最上級の正装だ。私たちの勤め先はオフィスカジュアルを採用していて、こうした服を着るのは新しい取引先へのあいさつなど、特別な機会だけだ。

仕事着フェチの広川さんなら、きっと喜んでくれるはず。そう私は想像して、用意したのだ。

「じゃーん。どうですか、広川さんっ」

キングサイズのベッドにガウン姿で腰かけた広川さんの前に、私は飛び出した。

「理花ちゃん、かっこいい。デキるOLみたい」

「みたいじゃなくて、事実デキるOLでしょう?」

感動に目をまるくする広川さんの手を引き、私は人さし指を唇に押し当てた。

「そうだね、こんなすてきな誕生日にしてくれたんだから。ああ、理花ちゃんを見たらもう勃《た》ってきた」

広川さんは私を抱きよせると、ふたりでベッドへ倒れこむ。彼の下肢が私の太ももに触れる。その部分は、もうとろけそうに熱くて硬い。

「あれ、理花ちゃん、これは……」

ワンピースの裾を腰までまくった広川さんは、驚きの声をあげた。

「気づきました？　そうなんです、本当のサプライズはこっち」

私はあおむけになって脚を肩幅にひろげてみた。タイツに包まれた脚のつけ根にあるのは……割れ目の部分が開いたパンティー。そう、この淫らな下着こそ、私の広川さんへのサプライズなのだ。

「理花ちゃん、めちゃくちゃエロい」

「でしょう？　タイツ、破ってもいいですよ」

私がそう言うや否や、広川さんはタイツの割れ目部分にツツッと爪を立てた。ピリピリと伝線していき、タイツに穴が空く。

「理花ちゃん、こんなにエッチにして」

「あんっ、広川さんがカッコいいから、悪いんですっ」

「かわいいこと言っちゃって。理花ちゃん、最高」

ノロケのような会話をしながらも、広川さんは私の秘所を指先でグニグニと責めてくる。

「早く……広川さんのモノをください」

耐えきれず、私はその先の行為を懇願する。彼は避妊具を装着し、ベッドに四つんばいの私へ後背位で挿入してきた。

「理花ちゃん、エッチ最高」

大きな体を揺らして叫びながら、広川さんは私の奥へ自らの器官を進める。私の秘所は準備万端、硬くふくれた彼自身を、悦《よろこ》びとともに蜜壺《みつつぼ》へ受け入れ、やわらかく締めつけた。

「んっ、私がエッチなんですか。エッチな噂をされているのは広川さんでしょう？」

「ワゴンの噂？　でも、実際は僕の負け。理花ちゃんのほうがずっとエッチだよ」

「広川さん、負けないで。激しくしてください」

私は広川さんの手を引き、抽送を促した。応えるように、広川さんは私の腰を押さえ、リズミカルに肉茎を出し入れする。

結合部からはグチュグチュと愛液があふれ、膣口を強く押されるたびに、私はうめき声にも似たあえぎを漏らす。広川さんの言葉どおり、Hなのはむしろ私かもしれない。

そのあと、価値観のズレから私たちは別れてしまった。今となってはまったく別の人と結婚し、浮いた話もなくなってしまった私である。

それでも、私は広川さんのたくましい体を、濃密なセックスを、今でもときどき思い出すのだ。

濡れる愛玩人形

神奈川県・無職・七十九歳・男性

最初に断っておきますが、この文章は私の妻の体験談です。

しかし現在、妻は進行性の重い難病で伏せておりまして、手先を自由に動かすことが困難な状態です。そのため、この文章は彼女の言葉を私が聞きながら、書き起こしたものです。

ただ、言葉の一部が聞き取れないことも多々あり、多少補佐させてもらった部分があることはお許しください。

内容的に、私にとってかなり恥ずかしいところも出てきますが、現在の妻には自分自身の人生を振り返るということしか楽しみがないのではないかと思っております。

自分が体験してきたことを私に話すことで、生きてきた時間を確認したいのかもしれません。

治療、投薬のおかげで、以前よりかはずいぶんよくなってはいますが、残念ながら一進一退の感は否めません。

これまでの五十二年間の、彼女が生きてきた証《あかし》をしっかりと残してあげることが、妻に対する愛情表現だと考えております。


夏は短く冬はそうとう寒いというだけで、ほかにはなにもない……。

北海道の増毛《ましけ》という小さな漁村があたしの生まれ育ったところだ。

こんな退屈な町を早く出たいと、子供のころからずっと考えていた。

高校は留萌《るもい》まで通った。最初はやっと外の空気が吸えると喜んだものの、クラスになじめず、だんだんと休みがちになり、二学期の途中で勝手に自主退学してしまった。

父はあたしがまだ小さいときに病気で死んだし、助産師をやっている母親の稼ぎだけでは暮らしがつらいので、年の離れた兄が中卒で働いて家計を支えてくれていた。

なので、せっかく高校に行かせてやったのにと、毎日のようにふたりから罵倒されるようになった。

そのうち家にも居づらくなり、友達のところを転々としたり、漁師小屋で野宿したりしていた。そんなとき、たまたま帰省していた知恵《ちえ》姉ちゃんにばったり会ったのだ。知恵姉ちゃんは近所に住んでて、昔からかわいがってくれた人だ。しかし彼女が中学にあがるころから疎遠になっていて、久しぶりの再会だった。

知恵姉ちゃんは、札幌《さつぽろ》の繁華街、ススキノのキャバレーで働いているらしい。すると、行くところがないなら、私の寮に来れば、と誘ってくれたのである。

あたしは急いで家に帰って置き手紙をし、何枚かの服と下着だけをバッグにつめ、知恵姉ちゃんといっしょに、札幌に出たのだ。

キャバレーの寮には道内や東北から出てきた女性がたくさん住んでいた。子供連れの人も何人かいたので、営業中にその子供たちのお世話をする係の人までいた。

あたしは知恵姉ちゃんと同じ部屋に住まわせてもらい、ふだんは寮の掃除をしたり、子供たちの相手をしたり、買い物を頼まれたりして過ごした。

そんな生活が半年ほどすぎたころ、店長から、あんたも店に出てみないか、と誘われた。

今はとても考えられないことだが、当時はまだ、未成年がこんなことをしていてもうるさくはなかった。

それまで化粧などしたこともなかったあたしが、まつげをつけ、化粧をし、借り物のドレスを着ると少しは大人に見える。鏡に映った別人のような自分の姿を見たとき、これから新しい人生がスタートするんだなんて、ものすごい興奮があったのを覚えている。

最初は知恵姉ちゃんのヘルプとしてテーブルに着いた。水割りを作ったり、灰皿を交換したり、話しかけられれば相手をしたり、たったそれだけのことをしただけなのに、帰りぎわ、三万円もチップをくれたお客もいて、異質な世界に自分が足を踏み入れたことを思い知らされた。

それから一年。やっと仕事を覚え、一人前のホステスになったころ、あたしは恋をした。相手はバンドのベースギターを弾いていた八重樫《やえがし》という男だ。

キャバレーには十日交代でバンドがやってくる。

BGMふうの曲を生演奏するのだが、スローな曲になると、スケベな客がやたらとホステスをダンスに誘い、股間を押しつけながら抱きついてくるのだ。なので、あたしはムーディーな曲が大嫌いだった。

八重樫は当時三十歳。ヒゲ面で長い髪をうしろで結っている。開店前に咥《くわ》えたばこでギターの調弦をしている姿がカッコよかった。

月に十日間だけしか会えないので、あたしはいつもビルの裏口の前で出待ちしておいて、偶然を装ってあいさつした。

最初は少し立ち話をするだけだったが、あたしの好意が伝わったのだろう、あるとき、ついに食事に誘ってくれた。

ビールを飲みながら、ラーメンと餃子《ギョーザ》を食べる。たったそれだけで、幸せを感じた。大好きな男と同じ時間を過ごしている。あたしにとってのこれがはじめての恋だった。

そしてそのまま、彼のアパートについていった。ドアを閉めた瞬間に彼があたしに抱きついてきて、口づけしてきた。あたしもアパートの階段をあがる前から興奮がはじまっていたので、激しくお返しをする。

万年床が敷いてある。八重樫はあたしをそこへほうり投げると、服を剝ぎとり、全裸にした。そして自分も裸になり、パンツを脱いだのだが、股間のそれを見たときの衝撃はハンパなものではなかった。

子供のころ、年の離れた兄がいつもあたしを風呂に入れてくれていたので、そのかわいいモノは知っていた。しかし、それとはまったくの別物だったのだ。

太いみみずのような血管が浮きあがってからみついている。赤黒くふくらんだ亀頭の鈴口にはすでに透明な液が光っていて、その恐ろしいほどに硬く立ちあがったモノがびくんびくんと暴れまくっていたのだ。

まさか、これがあたしの中に入ってくるというのか……？

じつは、あたしはまだそのころ処女だったのだ。

乱暴に乳を揉《も》み、キスをし、雑に愛撫《あいぶ》しただけで、八重樫はいきなり挿入してきた。

痛い。たまらなく痛い。よく焼き火箸を突っこまれたようだ、と表現する人がいるが、まさにそんな地獄の痛みだった。

でも、やめてもらいたいとは思わなかった。毎日布団の中で顔を思い浮かべながらオナニーをしていたその相手にあたしは今、犯されているのだ。

大好きな彼があたしを抱いている。あたしを抱くことで彼が気持ちよくなってくれるのなら、痛みなど気にもならない。そんな思いで必死に我慢した。

大きくエラが張った八重樫のモノがあたしの膣の中をかきまわしていく。激しい痛みをこらえていると、なにも考えられなくなり、ふっと気が遠くなるような感覚になった。

するとしばらくしておなかの上に生ぬるい液が飛んだ。

ああ、やっと射精したのか。うれしい。あたしの体でも役にたったのだ。

ぼんやりとした頭のまま八重樫の顔を見ると、シーツが血で真っ赤に染まっているのに気づいて驚いている。

うふふっ、あたしは微笑《ほほえ》みながら、そのまま深い眠りに入っていった。

以来、あたしたちはときどきホテルで待ち合わせて、行為に及んだ。あたしはこのまま結婚したいとさえ思っていた。

しかしあるとき、あんた、あいつは止めといたほうがいいよと、知恵姉ちゃんに言われた。じつはこの八重樫、昔から女グセが悪く、これまでも何人ものホステスとつき合い、妊娠させていた前歴があるらしい。

それで、ほかのホステスのお姉さんたちに聞いてみると、出るわ、出るわ。八重樫に対する恨みつらみのすごいこと。

中にはかなりのお金をだまし取られた人もいて、それを聞いたら、すうっと気分が萎えてしまい。もう二度と会うことはなくなってしまった。

しかし、あたしの体はもう完全に目覚めていた。八重樫によって、女の喜びを刻みこまれてしまっていたのだ。痛かったのは最初だけで、回を重ねるうちにだんだんと気持ちがよくなっていった。

クリトリスをやさしく舐《な》められると愉悦が走り、挿入されれば脳みそが踊り、膣壁を激しく擦《こす》られれば、麻薬のようなしびれが全身に走った。

テーブルについたかっこいい客を見ると、したくてたまらなくなる。好みの男の武骨な指を見るだけで、興奮してくる。

ああ、この指であたしのあそこを触ってほしい。その唇であたしの乳首をすってほしい……。

にこにこと会話をしながらも、下半身がジュンと濡れるような感覚になる。そんなときはいつもトイレに駆けこみ、オナニーをして慰めていた。

キャバレーの開店は夕方の五時。閉店は夜の十二時だ。それ以降は、客といっしょに食事したり、カラオケに行ったり、あるいはホテルへ行くなど、ホステスそれぞれのやりかたで、客をつなぎ留める努力をする。

もちろん気のあることを匂わせながらも、実際には体を張らないのがいいホステスのテクニックなのであるが。

しかしあたしは、出張客などのあと腐れのないような客に目をつけ、よくホテルへ誘った。

同じ男性器でもいろんなモノがあることを知って、楽しくなったのだ。その形や大きさ、当たる場所などによって、あたしの感じかたも違う。

あたしは毎晩のように男を誘い、ますますセックスの魅力にハマっていった。いや、はっきり言おう。セックス中毒になっていたのだ。

そして気がつけば、いつの間にかあたしは二十歳になっていた。知恵姉ちゃんは結婚してキャバ嬢を引退したし、お世話になったお姉さんたちもみんな辞めていった。

あたしはこの店のナンバーワンになっていた。

たまに来て、あたしを指名する吉田《よしだ》さんという男がいた。年は五十代後半。ビールを二本飲み、一時間かっきり、あたしとしゃべって帰っていく。ただそれだけの男だ。まったく好みではなかったが、いつも帰りぎわに一万円のチップをくれるし、悪いなという気分でいたので、一度、閉店後に待ち合わせて、デートしたことがある。

あたしのおごりですしを食べ、そしてホテルへ誘ったのだが、なんと断ってきた。

これまであたしから誘った男は全員が喜んであたしを抱いたのに、断られるなんて。少しムッと来て、むりやりホテルに連れこんだ。

部屋に入ってからもモジモジしてるだけなので、あたしはさっさと全裸になり、彼の服も脱がせようとしたのだが、なんと彼の目がとつぜん潤んできて、泣き出したではないか。驚いてしまった。

聞けば、この男には娘がひとりいたが、一昨年、事故で亡くしてしまっていたのだ。それが、店であたしをたまたま見かけたとき、まるで生き写しのようで驚き、喜んで、それであたしの顔が見たくて店に通っていたと言うのだ。

なので、あたしのことは好きだけど、まさか娘を抱く気にはなれない。と、そういうことらしかった。

あたしも小さなころに父を亡くしているので、ほとんど顔も知らない。

そんな話を聞いてるうちに、あたしもだんだんつらくなってきて、泣き出してしまい、その晩はふたりで、ただずっと抱き合ったまま過ごしたのだった。

その吉田さんは、そのあとしばらくは店に来ていたが、そのうちぱったりと来なくなってしまった。

半年くらいたったころ、中年の女性が来てあたしを指名した。あの吉田さんの奥さんらしい。ほんとに娘にそっくりね、と言って笑っている。

じつは、彼は末期のガンだったらしく、先日亡くなったそうだ。まだ若いので、できればこの世界からは離れて、まともな仕事について、幸せになってほしいと、よくふたりで話をしていたのよ、そう話してくれた。

そんなことがあって、考えこむようになっていった。

人生ってなんだろう。なんのためにこの世に生まれてきたのか。本当にやりたいことってなんだろう。

それからずっとそんなことばかり自問自答するようになって、だんだんと店にも出勤できなくなり、そして、とうとう辞めてしまった。

そのころはけっこう貯金がたまっていた。なにせ使う暇もないほど忙しかったのだ。

あたしは思いきって環境を変えようと考え、千歳《ちとせ》から飛行機に飛び乗った。まだ行ったことのない東京を目指して……。

とりあえず高円寺《こうえんじ》にアパートを借り、仕事を探したのだが、高校を一年で中退している女を雇ってくれるのは工場やウエートレス、清掃関係しかない。

これまでは月に百万円近くは軽く稼いでいたのに、時給が八百五十円。とたんに現実に引き戻された気がした。

結局あたしは高円寺のスナックで働きはじめたのだった。南口にあるエトアール通り。いくつかの飲み屋や食事処が並んでいる。高円寺は役者や作家、芸能界などを目指す若者が多く住む活気のある街だ。

あたしが働きはじめたMという店は、下ネタ好きな中年のママと、地味なアルバイトの子だけしかいなかったので、あたしが働き出すと、徐々に客が入るようになった。なにせこっちはキャバレーで百戦錬磨、客あしらいのプロなのだ。

そのうち店をまかされるようになり、そしてママから権利を買い取って、自分で経営するようになった。歌手の卵とかモデルのアルバイトをやっているかわいい子ばかりを雇い、カウンターに入れていたので、その子たち目当ての客で、連日満員でかなりの売上になった。

一年もしないうちに、近くに二号店を作るほど繁盛した。

テレビでよく見る俳優さんや歌手など、店には芸能関係の人もよく来てくれていた。

そういえば、刑事ドラマで、主人公の同僚役をやっている役者さんに誘われ、寝たこともある。

役ではまじめでおとなしい演技をしているけど、ベッドではとにかく激しくて乱雑。ただ突っこんで腰をぶつけるだけで、あっという間に果ててしまった。

けっこうファンだったけど、テレビにその人が映ると、すぐにチャンネルをまわすようになってしまった。

元プロ野球の選手だった人も来ていた。あたしも顔を知っている有名な人だ。その人はあたしから誘った。引退してからもう何年もたつというのに体がごつくて、胸板がすごかった。

風呂からベッドまであたしをお姫様だっこして運ぶと、見た目によらず、わりとやさしく愛撫してくれた。

でも、アソコはとにかくすごかった。まさにビール瓶みたいでとても硬い。あたしの中に入ってくるとき、メリメリって感じがして、少し怖かった。

でも彼はそれを自覚しているのか、ゆっくりと丁寧に出し入れしてくる。すぐに気持ちがよくなっていった。

太い腕であたしを抱えあげ、いわゆる駅弁ファックをされたのも彼がはじめてだった。

セックスが好きで好きでしょうがない。ヤリたくてたまらない。完全に自分が病気であることは自覚している。でも誘われれば断る理由はないし、ヤリたければ自分から誘うだけ。

自分で言うのもなんだが、あたしはわりといい女だと思うし、実際男にモテたのだ。

そんな二十代はあっという間にすぎ、三十代も駆け抜けていった。その間、数えきれないほどの男たちと寝た。毎日が本当に楽しかった。

しかし、三十九歳のとき、とつぜん体に不調を感じるようになった。最初は激しい頭痛がつづき、しばらくすると治る、そんな感じだったが、だんだん腕がしびれるようになり、歩くとき足を引きずるようになり、言葉がうまくしゃべられないようになっていった。

病院で精密検査を受けると、はっきりとした原因はわからないが、脳の伝達機能の乱れから起こる病ではないかということらしかった。

あたしが病気になると、それまであたしのまわりにいた人間たちが、まるでクモの子を蹴散らすように去っていった。あれだけあたしのことをちやほやしていた男どもが、誰ひとりいなくなってしまったのだ。

人間どもの真の心を知らされて愕然《がくぜん》としてしまった。そして、もう自分がセックスさえできない体になってしまったのかと、生きていることが無意味にさえ思えてきたのだ。

北海道には母と兄がいる。しかしずっと連絡は取ってないし、今さら帰るわけにもいかない。

とうとう寝たきりになってしまったあたしは入院も考えたが、病院の臭《にお》いが嫌いだから自宅で治療を受けることにし、毎日ヘルパーのかたに来てもらうことにした。

阿佐ケ谷《あさがや》にあるあたしのマンションまで、いつも男性と女性のふたり組で来られ、掃除や買い物、入浴など、細かなところまでやっていただく。

本当にありがたい。

女性はときどき変わるが、男性はいつも同じ。あたしより少し年上のかただった。名札には二郎《じろう》と書いてある。死んだ父親と同じ名前だ。

いつもにこにこと笑顔を絶やさないまじめなかたで、安心して身をまかせているのだが、ときどきこの人の目が一瞬光ることがある。

この目の光はこれまで何度も経験してきたのでよく知っている。何度も見たことがあるのだ。

それは、あたしとしたい、という目だ。あたしとヤリたいと思っている男の目が、いつもこんな光りかたをするのだ。

ある日、女性が隣室で作業をしているとき、あたしは彼の手をいきなりつかんだ。まだ当時は今より体は動いていたのだ。そして、その手をあたしの乳房に持ってくると、耳もとでそっとささやいた。

あたしとしたいの？

と。

彼は真っ赤な顔になり、手をすぐに引っこ抜いたが、来るたびに同じように、したいんでしょ？　ホントは、やりたいんでしょ？

と聞いていると、そのうち、だまって、うん、とうなずいた。

彼はずっと独身で、愛玩人形といっしょに家で暮らしているらしい。いわゆるダッチワイフだ。

体の動かないあたしのことを見ていると、人形のように思えてきて、じつは来るたび毎回勃起していると白状した。

生きて活動する女性を見ても興奮することはないが、あたしのようにじっと寝たきりの女を見ると、激しく下半身がうごめくのだと。

あたしが病気になったとたんに去っていった男どもの顔が浮かんでくる。でも、目の前にいるこの男はこんな体のあたしでも抱きたがっているのだ。

ああ、また男の人に入れてもらえる。あそこをいじってもらえる。しばらく潜んでいたセックス中毒という病気が再発してしまったようだ。

あたしは、今度ひとりで来てよ、と誘った。

次の日、さっそく彼はやってきた。そして、
本当にいいんですか？

と、何度もあたしに聞き返してきた。

あたしはおかしくなって、
いいから早く抱いてよ。

と笑った。

二郎さんがこわばった顔のままパンツを脱ぐと、その下半身はすでにもうギンギン

に立ちあがっている。

男のモノなど、もう何百本も見ているし、見なれているはずなのに、飽きることがないのが自分でも不思議だ。適度な長さ、適度な太さ。皮が剝《む》け、赤黒く腫れあがった亀頭はいつ見てもいやらしい。

日曜日の午後三時。和室に敷いてあるあたしの布団には、暖かい日差しが当たっている。素っ裸になった二郎さんが、そのあたしのお布団をめくり、入ってきた。

そして、あたしを抱きよせ、やさしく唇にキスをしてくれる。頭をなで、きつく抱きしめてくれる。ただそれだけであたしはうれしい。とても幸せな気分になるのだ。

二郎さんの舌が入ってくる。歯を舐め、ベロをくすぐり、唾をすする。あたしの体は動くことはないが、だんだんと頭がぼうっとしてくるのがわかる。

あたしはいつもいわゆる寝巻姿で寝ている。下着はつけていない。

さぁ、かわいいオッパイを見せてくださいね。

と、二郎さんは寝巻のひもをほどき、あたしを素っ裸にする。そして、首すじから胸へと舌をはわせていくのだ。

そんなことが何回かあったあと、あたしたちは籍を入れて、今に至る。あれからもう何年のときがすぎたのかわからないが、あたしは五十二歳になり、今も寝たきりだ。

しかし、ときどき来てくださる先生の治療と投薬のおかげで、少しは体が動くようにはなってきている。医学は日々進歩しているらしいし、もしかしたらまた歩ける日が来るのかもしれない。

そうなったら、二郎さんはあたしに興味を失ってしまうのではないのか……？

それだけが心配のタネである。

今のあたしは、なにもすることができないただの人形みたいなものだ。でも、本当に心から幸せを感じている。こんな体でも、二郎さんは毎日のようにあたしを抱きしめてくれるのだから……。

サンスポ・性ノンフィクション大賞
体験手記募集

「性にまつわる生々しい体験をつづった未発表の手記」を募集します。

応募期間：五月～九月（若干の変更がある場合があります）

応募原稿：四〇〇字詰原稿用紙に換算して二十五枚相当。パソコン、ワープロ原稿の方は記録メディア（CDなど）などを同封してください。

必要事項：題名、氏名、住所、電話番号、年齢、職業を明記してください。秘密は厳守します。

応募先：〒100-8698（住所不用）第2312号
サンケイスポーツ文化報道部「性ノンフィクション大賞」係

選考委員：睦月影郎、蒼井凜花、松村由貴、サンケイスポーツ文化報道部長

賞　金：金賞一〇〇万円、銀賞二〇万円、銅賞五万円、特別賞三万円、佳作二万円。また、入選手記はサンケイスポーツ紙上に掲載。

主　催：サンケイスポーツ　電話03-3275-8948

◉本書は、第二十三回サンスポ・性ノンフィクション大賞に入選し、サンケイスポーツ紙に掲載された手記を収録しています。左記は掲載順。文庫化にあたり、一部を改題しています。

「森と湖の秘祭」佳作（二〇二一年十二月二十日〜二十六日）
「マグロ男の功罪」特別賞（二〇二二年一月十七日〜二十三日）
「親友の姉さんの汚れた下着」蒼井賞（二〇二二年二月七日〜十三日）
「シェークスピアいわく」金賞（二〇二二年三月二十八日〜四月三日）
「42年目のマドンナ」佳作（二〇二二年四月四日〜十日）
「元カノとの再会」佳作（二〇二二年四月十二日〜七日）
「元ヤン　バツイチ巨乳ママ」特別賞（二〇二二年四月二十五日〜五月一日）
「水着の謎解き」佳作（二〇二二年五月二日〜八日）
「25 YEARS　OLD」佳作（二〇二二年五月十日〜十五日）
「23歳の性愛」特別賞（二〇二二年五月十六日〜二十二日）
「噂のHな先輩社員」佳作（二〇二二年五月三十日〜六月五日）
「濡れる愛玩人形」特別賞（二〇二二年六月六日〜十二日）

私《わたし》の性体験《せいたいけん》手記《しゅき》 親友《しんゆう》の姉《あね》

二〇二三年 五月 十日 初版発行

編者◉サンケイスポーツ文化報道部【さんけいすぽーつぶんかほうどうぶ】

発行◉マドンナ社
発売◉二見書房
東京都千代田区神田三崎町二‐一八‐一一
電話 〇三‐三五一五‐二三一一（代表）
郵便振替 〇〇一七〇‐四‐二六三九

印刷◉株式会社堀内印刷所 製本◉株式会社村上製本所 落丁・乱丁本はお取替えいたします。定価は、カバーに表示してあります。

ISBN978-4-576-23046-7 ◉Printed in Japan ◉©マドンナ社